EL NIÑO Y SU MUNDO

La inteligencia emocional de los niños

Claves para abrir el corazón y la mente de tu hijo

Will Glennon

ONIRO

Título original: *200 Ways to Raise a Boy's Emotional Intelligence*
Publicado en inglés por Conari Press

Traducción de Elena Barrutia

Diseño de cubierta: Valerio Viano

Fotografía de cubierta: Stock Photos

Distribución exclusiva:
Ediciones Paidós Ibérica, S.A.
Mariano Cubí 92 - 08021 Barcelona - España
Editorial Paidós, S.A.I.C.F.
Defensa 599 - 1065 Buenos Aires - Argentina
Editorial Paidós Mexicana, S.A.
Rubén Darío 118, col. Moderna - 03510 México D.F. - México

© 2000 Conari Press

© 2002 exclusivo de todas las ediciones en lengua española:
Ediciones Oniro, S.A.
Muntaner 261, 3.º 2.ª - 08021 Barcelona - España
(oniro@edicionesoniro.com – www.edicionesoniro.com)

ISBN: 84-95456-92-3
Depósito legal: B-210-2002

Impreso en Hurope, S.L.
Lima, 3 bis - 08030 Barcelona

Impreso en España - *Printed in Spain*

Índice

Agradecimientos

Quiero dar las gracias a Jo Beaton, que ha pasado varios meses recopilando con paciencia los datos que me han permitido escribir este libro; a Daphne Rose Kingma, que ha participado hasta tal punto en este proyecto que ya no sé qué ideas, palabras y expresiones son suyas o mías. Gracias también a Dawna Markova por derribar los límites que condicionan con tanta facilidad nuestros pensamientos, a Andy Bryner por vivir en la frontera de la masculinidad, y a Anne R. Powell por los consejos prácticos que me ha proporcionado y que espero que resulten útiles a los profesores.

Mi más sincero agradecimiento a los cientos de padres e hijos que han compartido su tiempo y sus experiencias conmigo y que con su generosidad han enriquecido este libro.

Por último, quisiera dar las gracias a mi padre, William Glennon, por su amor incondicional y su enorme generosidad, que me han permitido ser como soy; y a mi hijo, Damian, que con su espíritu bello y puro abrió mi corazón, que a pesar de haber padecido mis errores es un joven extraordinario y a quien debo la lucidez y la sabiduría que haya podido reflejar en este libro.

Prólogo

A mediados de la década de 1980, cuando nuestro hijo era muy pequeño, me vi involucrada en una pequeña revolución denominada movimiento mitopoético. Bajo la tutela y la inspiración del poeta Robert Bly, el ritualista Shepherd Bliss y el percusionista Bruce Silverman, los hombres se congregaban para descifrar el significado de su condición masculina. Se reunían en casas, iglesias, bosques y auditorios para tocar el tambor, recitar poesía, cantar y compartir la singular y a menudo dolorosa experiencia de ser hombres en la sociedad moderna. Como mujer tuve el privilegio de observar y participar en este interesante fenómeno. Me impresionó el dolor que sentían por no haberse relacionado con sus padres y que estuvieran furiosos con sus madres por intentar compensar esa pérdida. Y se lamentaban de estar desorientados como padres como consecuencia de ello. Descubrí el miedo y la vergüenza que habían sentido algunos de niños por tener que pelearse en la escuela simplemente porque eran chicos. Comprobé que muchos se sentían culpables por pertenecer a la sociedad patriarcal y ser responsables de todos los males del mundo. Presencié cómo se apoyaban a la hora de compartir sus sentimientos más profundos. Me conmovió que se esforzaran por mirar en su interior y descubrir lo que había permanecido oculto durante tanto tiempo. También me sorprendió que les resultara tan difícil acceder a sus emociones y ponerlas de manifiesto, a diferencia de la mayoría de las mujeres que conozco. Estos hombres intentaban aprender una nueva lengua, desconocida para ellos.

Esta experiencia hizo que temiera por nuestro hijo, aún tan inocente y libre de estereotipos. ¿Podíamos conseguir que creciera orgulloso de su herencia masculina a pesar de las tendencias culturales contra las que luchaban los miembros de este movimiento? ¿Podría llegar a ser un hombre fuerte pero sensible, capaz de tomar decisiones y actuar para defender la vida en vez de destruirla? Buscamos información y apoyo en las librerías de la zona, pero no encontramos ningún manual educativo sobre las necesidades específicas de los chicos. Supusimos que había más padres preocupados por estas cuestiones, así que escribimos nuestro primer libro sobre la educación de los niños.

Desde entonces hemos esperado y rezado para que hubiera más gente que creara nuevos modelos masculinos y guías orientativas para ayudar a nuestros hijos a convertirse en lo que realmente son: seres humanos íntegros capaces de responder tanto con la cabeza como con el corazón. Nuestras oraciones han sido recompensadas con la reciente aparición de varios títulos sobre el tema, entre los que destaca *La inteligencia emocional de los niños*, de Will Glennon. Su definición clara y precisa de los problemas a los que se enfrentan los padres, los profesores y los niños y las soluciones prácticas que plantea nos ayudarán a todos a desentrañar el complejo laberinto que existe entre los limitados estereotipos culturales y el potencial humano de los varones.

En una de sus obras, Teseo narra la historia de Procrustes, un temible salteador que atacaba a los viajeros que se dirigían a Atenas. Tenía una cama de hierro a la que ataba a todos los que caían en sus manos. Si eran más pequeños que la cama, estiraba sus miembros hasta que encajaban en ella; y si eran más grandes, cortaba un trozo de su cuerpo.

Este libro nos anima a explorar nuestra inteligencia emocional, a descubrir cómo deben ser, actuar y pensar los niños y los hombres. Las ideas de que los chicos no deben llorar, no deben sentir el dolor, no deben expresar lo que sienten y no deben tener miedo les atan a la cama de Procrustes y les obligan a estirarse o a prescindir de una parte esencial de sí mismos para encajar en los roles tradicionales. Si limitamos a nuestros hijos de este modo serán incapaces de ser ellos mismos y de responder a las necesidades de la sociedad. Al ayudarnos a potenciar la inteligencia emocional de nuestros hijos, Will Glennon nos libera a todos para que seamos como realmente somos.

JEANNE Y DON ELIUM

Capítulo 1

La importancia de la salud emocional

Cuando mi hijo tenía cinco años le llevé en cierta ocasión a visitar a sus abuelos, como muchas otras veces. Mientras estábamos alrededor de la mesa después de cenar observé cómo se movía por la habitación con su peculiar estilo. Tenía una capacidad extraordinaria para llegar al corazón de la gente sin ningún esfuerzo cuando jugaba, hablaba, se reía o nos abrazaba. Poco antes de llevarle a la cama, mi madre, que estaba a mi lado, se volvió hacia mí y comentó: «Me recuerda a ti cuando tenías su edad».

Lo dijo como un cumplido, pero yo me quedé sin habla; no podía imaginarme que alguna vez hubiese sido tan expresivo emocionalmente. Por alguna razón, en la década que transcurrió entre mi infancia y mi confusa adolescencia, me había convertido en un hombre que funcionaba sólo con la cabeza y, sin darse cuenta, se había alejado de sus sentimientos.

El largo viaje para reencontrarme con mi identidad emocional ha sido la experiencia más difícil de mi vida. Al observar a mi hijo, que aún no tenía la enorme presión de ser fuerte y racional, de contener las lágrimas y de ocultar sus sentimientos, juré que haría lo que fuera necesario para ayudarle a crecer con el corazón intacto. Aquel día hice una promesa solemne, que no ha sido fácil de cumplir. La mayor parte de los consejos que aparecen en este libro son consecuencia de los errores que cometí.

La sociedad ha hecho grandes progresos en favor de las mujeres, lo cual es extraordinario. Nos hemos dado cuenta de que al denigrar al género femenino el mundo se ha empobrecido. Al impedir de forma sistemática que las mujeres asumieran su poder hemos perdido generaciones de talento y sabiduría. Y durante ese tiempo hemos obligado a nuestros hijos a crecer sin tener acceso a los recursos que necesitaban para convertirse en seres humanos íntegros, sensibles y decentes.

Hoy contemplamos con horror a una sociedad marcada por el odio y la violencia. Desde las masacres en las escuelas a los episodios de violencia callejera, nuestra sociedad parece haber perdido el sentido. Y aunque no queramos admitirlo, lo cierto es que la mayoría de los actos violentos los cometen los hombres, hombres que una vez fueron niños inocentes que jugaban y reían.

Gracias al interés general por la situación de las mujeres se ha investigado en profundidad cómo, cuándo y por qué pierden las niñas la autoestima. Aunque la atención por el desarrollo de los niños es reciente, ya hay algunos datos significativos. Los estudios indican que las niñas tienden a ser fuertes y seguras de sí mismas hasta el comienzo de la pubertad, que es cuando sufren la crisis de la autoestima. Por el contrario, los chicos suelen experimentar dos crisis: la primera a los cinco o seis años y la segunda en la pubertad. Otro de los datos más preocupantes es que durante los primeros años los niños suelen ser más expresivos que las niñas, y pierden esta capacidad a medida que crecen. A los cinco o seis años tiene lugar el proceso de adaptación cultural, que afecta a nuestros hijos de forma negativa.

En mi opinión, lo esencial a la hora de educar a las niñas es darles amor, apoyo y confianza para que en la edad adulta tengan una vida plena; en el caso de los niños debemos ayudarles a llegar a la madurez con sus recursos emocionales intactos y accesibles.

A través de los juegos y la exposición a los estereotipos culturales que ofrecen la televisión, el cine y los videojuegos, nuestros hijos aprenden enseguida que los chicos deben ser duros; y ser duro significa no tener sentimientos, excepto ira. En el mundo de los niños se compite por todo, y hay que mantener el tipo y fingir que los golpes no duelen para estar a la altura. A los cinco años los chicos comienzan ya a sellar su corazón y a cortar los lazos que les unen a su mundo emocional.

La segunda crisis, potencialmente más peligrosa, sorprende a los chicos en la pubertad, cuando surgen una serie de cuestiones con una gran carga emocional, como el sexo, el amor y la identidad. Sin embargo, nunca llegan a desarrollar los recursos que necesitan para hacer frente a estas cuestiones. Y de repente se encuentran en un mundo extraño y peligroso lleno de preguntas acuciantes y confusas sin conocer el lenguaje que les permitiría hallar las respuestas.

Alejados de sus emociones, nuestros hijos se sienten perdidos, puesto que ni siquiera saben qué les ocurre. Para compensarlo y protegerse de lo desconocido intentan comprender y desarrollar su capacidad de raciocinio. Sus sentimientos permanecen intactos, pero reprimidos en la oscuridad de su subconsciente.

Aún quedan muchos puntos pendientes para completar el panorama. Una de las cuestiones que quizá tarde en resolverse es hasta qué punto las diferencias de comportamiento entre niños y niñas se deben a factores biológicos y en qué medida son el resultado de las expectativas sociales y culturales. En un extremo están los que creen que los niños y las niñas pertenecen a mundos diferentes; a falta de un mejor término, la teoría de «Marte y Venus». Bajo mi punto de vista ésta es una postura cuando menos temeraria, puesto que nos dice que dejemos de preocuparnos por la educación de nuestros hijos porque los resultados están determinados por nuestros genes.

Pero la situación actual es inaceptable. Criar generaciones de niñas sin autoestima y niños sin inteligencia emocional no es ni inevitable ni conveniente. Los hombres y las mujeres no venimos de distintos planetas. Pertenecemos a la misma especie y tenemos los mismos sueños. Todos queremos amar y ser amados y vivir una vida plena. Aunque no podemos cambiar nuestros factores biológicos, podemos comenzar a educar a nuestros hijos de un modo diferente.

En mi libro anterior, *200 Ways to Raise a Girl's Self-Esteem*, planteaba una serie de ideas prácticas para que nuestras hijas tengan la oportunidad de mantener y fortalecer su autoestima. En este libro presento unas sugerencias igualmente prácticas para que nuestros hijos crezcan unidos a su corazón y desarrollen la inteligencia emocional que van a necesitar para vivir una vida plena y satisfactoria. Además de incluir consejos para cultivar y mantener el repertorio emocional de los niños, en él hago referencia a las actitudes que los adultos debemos adoptar para educar a nuestros hijos de un modo positivo. Sea quien sea el niño de tu vida, tenga la edad que tenga, nunca es demasiado tarde para comenzar.

Capítulo 2

Revisa tus creencias

Vivir en una época de transformaciones es excitante, sobre todo cuando los cambios que se producen llegan con retraso y a un ritmo vertiginoso. Pero también es un gran reto, porque como pioneros del cambio debemos adentrarnos en un nuevo territorio en el que no es fácil orientarse. Necesitamos mucha energía para elegir el camino adecuado y averiguar qué tenemos que hacer para que el viaje resulte más llevadero. Pero la mayoría estamos dispuestos a intentarlo porque queremos dar a nuestros hijos una educación sólida que les permita madurar y convertirse en unos hombres extraordinarios.

Sin duda alguna, la parte más difícil de esta tarea es descubrir y modificar los aspectos de nuestra educación que suponen un obstáculo. Alguien tiene que dar el primer paso, lo cual es un gran honor y una enorme responsabilidad, pero ante todo debemos recordar que nosotros crecimos en una época diferente, y que muchas de las pautas de la educación que recibimos no son válidas para nuestra tarea inmediata.

El simple hecho de replantear nuestras creencias, expectativas y tradiciones no va a cambiar en absoluto el panorama. Socialmente estamos estancados, y por eso educamos tan mal a nuestros hijos. Pero al mismo tiempo esas tradiciones tienen un gran valor, y sería absurdo que nos deshiciéramos de ellas sin pensar antes qué debemos cambiar.

¿Cuántas veces, al hablar con tus hijos, han salido de tu boca palabras que oíste a tus padres, que a su vez las aprendieron de los suyos, y así sucesivamente generación tras generación?

En este capítulo analizaremos algunas pautas de nuestra educación que pueden ser un obstáculo a la hora de abrir un nuevo camino para nuestros hijos. Este proceso es además una de las compensaciones de la paternidad, porque al educarlos y servirles de guías crecemos como personas.

Revisión de los roles tradicionales

*«Los hombres trabajan duro, ponen los castigos, cuidan
el jardín y controlan el dinero. Las mujeres se ocupan
de los niños y de las tareas domésticas y dan besos
y abrazos. Eso es lo que aprendí en mi infancia,
y aunque no esté de acuerdo con ello sigue arraigado
en mi interior.»*

En los últimos cuarenta años ha habido un gran cambio en el reparto de los roles, gracias en parte a los millones de mujeres que han exigido una participación igualitaria en el mundo laboral. Pero todavía queda mucho por hacer. Las pautas culturales que han prevalecido durante miles de años no se transforman en unas décadas; el buque de guerra ha comenzado a virar, pero antes de completar la maniobra debe recorrer otras veinte millas. Por otra parte, los logros obtenidos por las mujeres no han sido igualados por los hombres. Mientras que las mujeres tienen ante sí un gran número de oportunidades, la mayor parte de los hombres siguen aferrados a sus viejas creencias.

Si quieres influir de una manera positiva en tus hijos, modifica los roles tradicionales en tu propia casa. Comienza con el reparto de tareas y asigna las responsabilidades de otro modo. Aunque te resulten cómodos los estereotipos sexistas que estás perpetuando, al alejarte de ellos tus hijos descubrirán que tienen muchas otras opciones.

Padres: Enseña a los niños a cocinar, fregar los platos o cuidar a los más pequeños, y pide a las niñas que te ayuden a arreglar el jardín, llevar las cuentas o mover los muebles. Con estos pequeños gestos comprenderán que ambos pueden realizar todo tipo de actividades.

Profesores: Prepara una clase sobre la evolución de las profesiones a lo largo del tiempo. El material es muy interesante. Por ejemplo, ¿sabías que en los primeros tiempos de la revolución industrial todos los secretarios y telefonistas eran hombres? Habla de la masiva incorporación y posterior salida de las mujeres del mundo laboral durante e inmediatamente después de la segunda guerra mundial. Reúne datos de las profesiones de los padres y las madres de tus alumnos y compáralas con las de sus abuelos.

Los hombres auténticos saben ser padres

«Cuando mis dos hijos eran pequeños, mi mujer trabajaba, y fui yo quien se ocupó de ellos. Fue una experiencia muy intensa y enriquecedora, pero en ocasiones un tanto incómoda. Cada vez que iba al parque con los niños todas las mamás que había a mi alrededor me miraban de reojo y se preguntaban qué hacía yo allí.»

Para animar a los niños a permanecer en contacto con sus emociones, los padres deben participar en su educación de una manera activa. Pero muchos escurren el bulto sin darse cuenta de que es la contribución más valiosa que pueden hacer para el desarrollo de sus hijos. En algunos casos las dudas se deben a la torpeza o la inexperiencia: no nos han educado para cuidar a un bebé, ni siquiera nos han dado la información básica, así que lo más fácil es quedarse al margen y dejar esos asuntos a la madre. En otros casos se deben a las presiones externas, las expectativas sociales y sobre todo a la presión laboral que transmite este mensaje: «Si quieres progresar debes anteponer tu trabajo a tus hijos».

¿Pero qué padre aceptaría actualmente ese mensaje? Para ser padre hoy en día hay que tener un valor diferente, el tipo de valor que nos engancha a nuestras prioridades, que nos proporciona la energía necesaria para buscar para nuestros hijos una forma de vida más integrada. Significa tener en cuenta las presiones que nos alejan de nuestros hijos. Significa compartir con ellos el torbellino de emociones que experimentan al crecer. Significa unir nuestras voces a las de las mujeres que exigen un horario de trabajo flexible y ayudas a la maternidad.

Padres: Los padres deben demostrar a través de sus palabras y sus acciones que las necesidades emocionales de sus hijos son tan importantes como su bienestar físico. Reajusta tu horario de trabajo y asegúrate de que tienes tiempo para estar con tus hijos cuando te necesiten. Evalúa el nivel y la calidad de tu participación en las tareas domésticas y asegúrate de que haces lo que te corresponde.

Profesores: Invita a los padres a llevar a clase varios bebés de diferentes edades para que tus alumnos observen cómo se comportan. Ayúdales a cuidarles para que se sientan cómodos.

Reconcíliate con tus sentimientos

«Ser padre ha sido lo más importante que me ha ocurrido en la vida. No sólo porque adoro a mis hijos, sino también porque al implicarme de una forma activa en su educación he tenido la oportunidad de aprender de nuevo a reconocer y respetar mis sentimientos.»

Para la mayoría de los hombres crecer significa alejarse cada vez más de sus emociones. Hemos tenido que demostrar que somos fuertes, lógicos y desapasionados, pero a muchos nos ha salido muy caro, porque hemos perdido la capacidad de expresar nuestros sentimientos más profundos.

Sin embargo, ser padre es la mejor manera de reencontrarnos con nuestras emociones y desarrollar de nuevo los recursos necesarios para integrarlas en nuestra vida. La razón es muy simple: nuestros hijos son un manojo de emociones, y pasan gran parte de su infancia intentando reconocer y comprender esos sentimientos tan poderosos. Si aprovechamos la oportunidad que nos ofrecen con su amor incondicional, si nos involucramos en su vida, sus problemas, sus esperanzas, sus sueños y sus sentimientos, además de reforzar el valor y la importancia de este accidentado viaje aprenderemos a equilibrar, integrar y controlar el poder de nuestras emociones.

Padres: Muchos padres, incluso los que se comprometen a participar en la educación de sus hijos, tienden a caer en una rutina en la que mamá se encarga de todo. No permitas que ocurra. Cuanto antes comiences a dar de comer a tus hijos, a bañarles, cambiarles, vestirles, acunarles y jugar con ellos, mejor. Es una oportunidad única que mejorará tu vida considerablemente.

Profesores: Expresa lo que sientas respecto a los temas que plantees en clase y anima a tus alumnos a manifestar sus sentimientos. Organiza actividades y obras de teatro en las que puedan expresar sus emociones de forma positiva.

Desequilibrio parental

*«Tras muchos años de alejamiento he conseguido conocer
a mi padre, y he descubierto que es un tipo muy cariñoso.
Durante mi infancia mis padres se repartieron
las obligaciones parentales: él era el palo
y ella la zanahoria. Los comentarios del tipo
"Espera a que llegue tu padre" nos fueron
separando cada vez más.»*

Una de las tareas más difíciles de la paternidad es intentar equilibrar todas las responsabilidades para que nuestros hijos no tengan una imagen errónea o imcompleta de nosotros. Pero no resulta sencillo. Con el peso que aún tienen los roles tradicionales y el reparto de las tareas que exigen los horarios, las necesidades laborales y las diferencias de caracteres, en muchos casos resulta más práctico que mamá cuide a los niños y sea comprensiva y papá ponga las normas. Pero al elegir el camino más fácil invitamos a nuestros hijos a sacar unas conclusiones que no se ajustan a la realidad: mamá es buena y cariñosa y papá es el tipo duro.

De esta manera podemos inculcarles una tendencia sexista que nos priva a todos de lo esencial: la fascinante complejidad de los seres humanos. Si papá nos castiga es natural que acudamos a mamá para buscar apoyo y pensemos que los hombres no pueden dar cariño. Si mamá nos da de comer es probable que la alimentación sea una tarea propia de mujeres. Ante este panorama, ¿qué se supone que debe hacer un niño cuando se convierta en un adulto?

Ser padre no es fácil, y una de las cosas que debemos hacer es mostrar a nuestros hijos el repertorio completo de las capacidades humanas sin dividirlas de un modo artificial en cuestiones masculinas y femeninas. Ambos progenitores deben ser cariñosos y estrictos. Los niños deben ver a su padre y a su madre compartiendo de forma natural todo tipo de responsabilidades parentales.

Padres: Haced un esfuerzo para compartir equitativamente todas las tareas parentales, sobre todo el apoyo emocional y la disciplina.

Profesores: Los alumnos suelen comentar que sus profesores favoritos son a la vez amables y estrictos. ¿Qué puedes hacer en clase para que comprendan que te preocupas por ellos y que esperas que cumplan las normas? ¿Cómo puedes crear un ambiente que les anime a ser amables y a recordar las pautas establecidas?

Dedica tiempo a tus hijos

«Mi padre era de la vieja escuela. No hablaba mucho ni era muy expresivo, pero de algún modo hizo que me sintiera especial, porque hacía todo lo posible para pasar un rato conmigo; incluso aprendió a jugar al tenis (se le daba fatal) para tener una excusa para estar conmigo.»

En un mundo perfecto todos —hombres, mujeres y niños— seríamos capaces de expresar nuestro amor y nuestros sentimientos, pero no vivimos en un mundo perfecto. Y a muchos padres les cuesta decir palabras de cariño. Cuanto más intensos son los sentimientos, más difícil nos resulta expresarlos con palabras. Por desgracia, cuando nos encontramos en esta incómoda situación solemos replegarnos aún más; nos retiramos a un lugar más cómodo y menos comprometido y de esa forma nos alejamos de nuestros hijos.

Lo hacemos sin darnos cuenta, pero debemos cambiar de actitud y hallar la manera de acercarnos a ellos. Ante todo tenemos que hacer un esfuerzo para comunicarnos directamente, aunque sea a través de notas y cartas. Pero también podemos sacar partido de nuestro bien más preciado: el tiempo. Puesto que la sociedad juzga a los hombres por lo que hacen, siempre tenemos la opción de comunicarnos indirectamente haciendo cosas con nuestros hijos: jugando con ellos, participando en sus actividades, estando con ellos. Dedícales tu tiempo para demostrarles que les quieres, que lo más importante para ti es compartir con ellos esos momentos.

Padres: Papá: Reserva un día especial para ir con tu hijo de pesca o de excursión de forma habitual. Lo recordará siempre. Mamá: Si papá no está disponible, busca un hombre —un tío o un amigo— que pueda dedicarle su tiempo. Los niños necesitan estar solos de vez en cuando con una figura paterna.

Profesores: Invita a los padres a visitar tu clase. Organiza una fiesta, una merienda o un partido de fútbol para que cada alumno pueda llevar a un adulto importante para él.

Acepta las lágrimas de tu hijo

*«Cuando era pequeño tuve una terrible pelea
con mi hermana, y después de pegarnos, gritar como locos
y tirarnos de los pelos acabamos los dos llorando.
Mis padres la consolaron a ella y a mí me mandaron
a mi habitación sin preguntarme siquiera lo que había
ocurrido. Han pasado más de treinta años, pero me sigue
doliendo cada vez que lo recuerdo.»*

Los chicos no deben llorar. Hemos oído tantas veces esta frase que se ha convertido en un cliché, y no le damos importancia porque sabemos que no es cierto. Pero al hacerlo nos volvemos descuidados, y en nuestro descuido recurrimos a los métodos con los que nos educaron. Sin darnos cuenta nos traiciona nuestro lenguaje corporal, con un gesto decimos «No pasa nada, deja de llorar», y nuestros hijos comprenden que les estamos juzgando y condenando por expresar emociones «inapropiadas».

Debemos ver las lágrimas de nuestros hijos como lo que son, una oportunidad extraordinaria para compartir sus sentimientos, no para evitar la tristeza y el dolor. Esta afirmación puede sonar fuera de lugar en una cultura en la que hay que ser feliz a toda costa, aunque sea tomando Prozac, pero todos sabemos que el dolor forma parte de la vida. No podemos eliminarlo, pero podemos aprender a controlarlo de un modo positivo. Sin embargo, la sociedad se empeña en cortar los vínculos de nuestros hijos con su tristeza; si permitimos que esto ocurra, el dolor y la aflicción se convertirán en ira, una ira generalizada y justificada por no ser tratados como personas íntegras.

〜〜〜〜〜〜〜〜〜〜〜〜〜〜〜〜〜〜〜〜〜〜

Padres: Cuando tu hijo llore o veas que está triste, en vez de ignorarle o humillarle dale todo tu apoyo. No te desanimes si no quiere hablar de lo que le ocurre; lo más importante es lo que digas tú. Explícale que sus sentimientos son naturales y reflejan su personalidad. Para ayudarle a superar su tristeza, antes debes reconocer la validez de sus sentimientos.

Profesores: En una clase resulta difícil controlar las lágrimas y las emociones muy intensas, pero al menos debes estar preparado para evitar las burlas que suelen provocar. Si es posible, aprovecha la ocasión para intentar que lo comprendan. Anima a tus alumnos a hablar de situaciones tristes, por ejemplo de la muerte de los abuelos o de una mascota.

No hagas bromas

«En mi familia los chicos nos comunicábamos con bromas.
A la hora de la cena mi padre, mis tres hermanos y yo
competíamos para ver quién decía los insultos
más ocurrentes y las respuestas más ingeniosas.
Debo reconocer que bajo aquellas palabras
había amor, pero con el tiempo hicieron estragos.»

Los hombres suelen recurrir a las bromas, muchas veces de forma inconsciente, para expresar sus sentimientos. Hay tres tipos de bromas: maliciosas, indiferentes y afectuosas, pero todas ellas hacen daño a su manera. Las bromas maliciosas son fáciles de detectar y de rechazar. Se suelen formular como un ataque verbal, que es lo que en realidad son, y no se deben ignorar en ningún caso. Las bromas indiferentes son los insultos habituales en las competiciones deportivas. Están tan arraigadas en nuestra cultura que además de aceptarlas las fomentamos, aunque sean denigrantes para todo el mundo. Pero las más peligrosas son las que, irónicamente, se consideran una muestra de afecto.

Los chicos, víctimas de los limitados patrones culturales que definen su condición de hombres, utilizan el lenguaje codificado de las bromas para manifestar su afecto: tomamos el pelo a las personas que queremos, y se sobreentiende que si no las quisiéramos no nos molestaríamos en hacerlo. Pero el código no es explícito, y aunque lo conozcamos y lo aceptemos, el efecto de las palabras hace mella en el oyente. Es una forma de comunicación indirecta, y debemos enseñar a nuestros hijos a expresar sus sentimientos de afecto directamente.

Cuando tomamos el pelo a nuestros hijos les hacemos mucho daño. No importa que sólo sea una «broma»; no importa que sea nuestra manera de decir «Te quiero». Los niños no conocen el intrincado código de las bromas; y aunque intuyan que bajo esas palabras hay algo más, las palabras hieren, sobre todo cuando se utilizan para hacer una crítica. Si recurrimos a esta forma de comunicación indirecta es muy probable que nuestros hijos sigan el ejemplo.

Padres: Expresa tu amor y tu admiración directamente y anima a tus hijos a hacer lo mismo.

Profesores: Ten cuidado con los comentarios que hagas a tus alumnos. El sarcasmo puede deteriorar rápidamente la relación que tienes con ellos. Háblales de los efectos de las bromas. Ayúdales a descubrir formas más positivas y directas de transmitir sus mensajes.

Evita las humillaciones

*«Cuando tenía quince años mis padres se fueron
un par de días y yo me quedé solo en casa. Volvieron
tres horas antes de lo previsto, y la cocina, que había dejado
para el último momento, estaba indecente. Mi padre
me lanzó una mirada fulminante de desaprobación,
y de repente todas las excusas y las explicaciones
se me quedaron en la garganta.»*

Los niños y los jóvenes están sometidos a una presión constante para comportarse como «auténticos» hombres: deben ser fuertes, maduros, competentes, responsables y no deben cometer errores. Además de abrumarles con esta pesada carga, les damos el golpe de gracia al humillarles con palabras, miradas o silencio cuando fracasan inevitablemente.

Las humillaciones, que son la respuesta habitual y casi automática cuando nuestros hijos nos defraudan, hacen mucho más daño del que nos podamos imaginar. Refuerzan la imagen cultural distorsionada de la perfección, y con ellas les decimos que hasta que no alcancen esa ilusión han fracasado ante nuestros ojos. Tienen un efecto devastador aunque no estemos muy decepcionados, porque los niños no pueden leer nuestra mente y lo único que ven, oyen y sienten es nuestra decepción.

Cuando en vez de dialogar humillamos a nuestros hijos rompemos nuestra relación con ellos, como si fuera una vergüenza seguir unido a alguien que puede fracasar miserablemente. Todo se intensifica, y lo único que conseguimos es desmantelar su precaria autoestima y destruir las vías de comunicación.

Padres: Los gestos y las palabras de humillación son uno de los errores más graves que podemos cometer como padres. Todos nos equivocamos, todos hacemos y decimos cosas que ni siquiera están a la altura de nuestras expectativas. Nuestros hijos, inmersos en la difícil tarea de convertirse en hombres, se equivocarán una y otra vez. Y necesitan que estemos ahí con palabras de apoyo, amor y comprensión. Evita las humillaciones a toda costa.

Profesores: Aprovecha las situaciones en las que tus alumnos humillen a un compañero para convertirlas en oportunidades de aprendizaje. Analiza las causas de ese comportamiento y busca con ellos otras opciones para situaciones similares.

La política del doble rasero

«Mis padres eran unos expertos aplicando el doble rasero. Al ser un chico me dejaban hacer cosas que a mi hermana no le permitían, y le sentaba fatal. Lo que no veía era la otra cara de la moneda. Cuando ella hacía algo mal podía llorar, quejarse y echar la culpa a los demás. Cuando yo metía la pata eran implacables, y no había forma de decir nada.»

¿Tienes un rasero diferente para los niños y las niñas? ¿Eres más tolerante con tu hija porque estás convencido de que no se va a meter en tantos líos? ¿Le dejas que te replique pero te cierras en banda si tu hijo abre la boca?

De forma inconsciente, con esta actitud reforzamos la idea de que los sentimientos de nuestros hijos no son importantes. Por lo general somos firmes e implacables con ellos, porque tememos que interpreten la compasión como un signo de debilidad y se aprovechen de la situación. Nos da más miedo que los niños se vuelvan «malos», y en muchos casos eso hace que reaccionemos de un modo exagerado. Además, estamos acostumbrados a que las niñas expresen sus emociones con más naturalidad que los niños.

Irónicamente, al intentar que sean fuertes y tengan unos límites estrictos evitamos cualquier signo de debilidad, los tratamos con dureza y aplicamos los castigos de forma tajante. Y al hacerlo les negamos la oportunidad de experimentar todas las emociones que normalmente van unidas a este tipo de situaciones y les condenamos al ostracismo.

No importa que muchas de las emociones que quieran expresar sean inapropiadas. Si no tienen la oportunidad de manifestar esos sentimientos y analizarlos en un contexto positivo, ¿cómo van a aprender a valorarlos y a darles la importancia que tienen? Educar a nuestros hijos emocionalmente significa abrir las puertas de par en par ante todo para que compartan los sentimientos que están fuera de lugar.

Padres: Piensa si actúas de un modo diferente cuando tu hijo o tu hija se portan mal. Comienza a ver la disciplina como una valiosa oportunidad para ayudar a tu hijo a enfrentarse a sus sentimientos, incluso a los más violentos.

Profesores: Piensa cómo aplicas la disciplina. ¿Eres más propenso a conceder a las niñas el beneficio de la duda? ¿Dejas a los niños «colgados» con más frecuencia? Establece unas pautas que permitan a todos expresar verbalmente sus sentimientos y lo que piensan de las normas y los incidentes en los que se vean involucrados.

Prejuicios sexistas

*«Yo era el único chico en una familia de cuatro hermanas.
También era el más pequeño, y mis hermanas solían
disfrazarme para los «espectáculos» que montaban.
Un día mi padre llegó pronto a casa y al verme vestido
como una reina se quedó sin habla.»*

Todos tenemos unos límites respecto al sexo, y cuando se traspasan nos sentimos incómodos. Bajo muchos de ellos, sobre todo de los que afectan a los chicos, hay un miedo a menudo inconsciente a la homosexualidad. Al fin y al cabo, la noción del «mariquita» procede del miedo a que un niño sea gay.

Si no revisamos nuestros temores en este sentido podemos atrofiar la sensibilidad emocional de nuestros hijos en el intento de impedir que sean gays. (La mayoría de los estudios confirman que la homosexualidad es un rasgo genético, al igual que la heterosexualidad, y que en la mayoría de los casos las preferencias sexuales son innatas.) Conozco a una mujer a la que le preocupaba tanto que su hijo fuera gay que le ridiculizaba por querer cocinar, coser y tocar música. Ahora es un adulto, y a pesar de su interés por esos asuntos «femeninos» está felizmente casado y tiene una hija preciosa.

Si nos mostramos ansiosos cuando nuestros hijos son «demasiado» femeninos, de algún modo les decimos que no es bueno que sean cariñosos y sensibles, y reforzamos la idea de que para ser un hombre hay que ser muy macho. Y si nuestro hijo es gay le estamos diciendo que no le queremos como es, un mensaje terriblemente destructivo.

Padres: Piensa qué es para ti aceptable e inaceptable en un niño: ¿Llorar? ¿Jugar con muñecas? ¿Abrazar a un amigo con más de cinco años? Cuanto mejor sepamos qué sentimos, mejor controlaremos nuestras reacciones.

Profesores: Ten en cuenta si fomentas la división de roles en tu clase. ¿Hay tareas que sólo asignas a las niñas o a los niños? Dales a todos todo tipo de opciones y observa qué capacidades pueden aprender de igual forma. Anímales a cuestionar sus esquemas y a ampliar su repertorio de comportamientos «adecuados».

Descubre la causa de su mal comportamiento

«Los primeros cinco años que pasé en la escuela fueron una continua batalla entre mis padres y mis profesores. Estaba a todas horas en el despacho del director, suspendía muchas veces y tenía la reputación de ser el más revoltoso del colegio. Mis padres intentaban defenderme diciendo a los profesores que sólo era un niño "muy inquieto".»

La sociedad intenta encubrir las consecuencias de sus errores con excusas que no explican nada. Una de las excusas más perjudiciales que hemos desarrollado para justificar el comportamiento inadecuado de nuestros hijos es que los chicos son así: «Claro que es un poco travieso, tiene tanta energía porque es un chico». Cuando las excusas dejan de ser válidas y el comportamiento persiste, les diagnosticamos hiperactividad u otro trastorno grandilocuente y les ponemos un tratamiento. Los estudios indican que últimamente ha habido un gran aumento de diagnósticos de hiperactividad, y como era de esperar, la proporción de niños es mucho más elevada que la de niñas.

¿Pero cómo puede ser que tantos chicos sean hiperactivos? ¿No es posible que esos comportamientos sean un grito de auxilio por parte de unos niños asustados que se sienten perdidos en un mundo emocional en el que no tienen ni apoyo ni recursos para comprender y controlar lo que sucede?

Para empezar, tenemos que ser conscientes de que los problemas de comportamiento son gritos desesperados de ayuda. Si estamos en casa y oímos que nuestro hijo nos llama pidiendo ayuda, nuestro corazón se acelera y salimos corriendo inmediatamente. Es lo menos que podemos hacer cuando ese grito llega en forma de mal comportamiento. Debemos actuar con rapidez para averiguar qué está ocurriendo, para descubrir el problema emocional que ha hecho sonar la alarma.

Padres: Considera los problemas de comportamiento como lo que en realidad son y procura intervenir inmediatamente. ¿No están claros los límites? ¿Oculta tu hijo sus emociones? ¿Se porta mal porque no sabe cómo expresarse? Los niños no son rebeldes por naturaleza, y tenemos la responsabilidad de averiguar la causa del problema aunque haga falta ayuda profesional.

Profesores: Los educadores son los que soportan en mayor medida los problemas de comportamiento. La solución más fácil puede ser medicar a los niños, pero no es la mejor a largo plazo. Si comprendes la causa del problema, intenta darles lo que necesitan: ánimo, apoyo o unos límites estrictos. Habla del asunto con los padres de una manera comprensiva y recalca lo importante que es para el desarrollo de su hijo. Comprueba si el mal comportamiento de un niño se puede deber a una carencia de aprendizaje, por ejemplo a la necesidad de participar más en el grupo física o verbalmente.

Evita las etiquetas

*«En mi familia yo era "el payaso", mi hermana menor
"la llorona", mi hermana mayor "la lista"
y mi hermano mayor "el testarudo". Y todos nos
esforzábamos para representar lo mejor posible
nuestro papel.»*

Las etiquetas son muy útiles. La capacidad para clasificar y poner etiquetas es uno de los rasgos de la conciencia humana que nos permite procesar y acceder a una gran cantidad de información. Pero a la hora de educar a nuestros hijos debemos evitar las etiquetas a toda costa. Cuando les ponemos etiquetas, aunque sean «buenas», les marcamos una serie de expectativas que quizá no puedan o no quieran alcanzar, pero de las que jamás se librarán. Por un lado les presionamos inconscientemente para que actúen como queremos, y por otro limitamos en gran medida sus posibilidades.

El mensaje tácito que les enviamos es que deben ser *así* (desorganizados, testarudos, brillantes, divertidos, tiernos, bien educados, enérgicos), junto con la amenaza de que si no se comportan de ese modo están haciendo algo mal. Además de limitar y restringir los cauces supuestamente «aceptables» para su desarrollo, las etiquetas les obligan a tener en cuenta lo que la gente piensa de ellos y a intentar ser como los demás esperan que sean.

Padres: No pongas etiquetas a tus hijos. Si tu hijo tiene una tendencia muy acentuada puedes hablar de ella, pero sin darle a entender que ese rasgo define su carácter. Por ejemplo, es mejor decir «Veo que tienes las cosas claras» en vez de «Qué terco eres».

Profesores: En clase las etiquetas tienen un efecto muy negativo. Habla con tus alumnos de sus cualidades y de los retos a los que deben hacer frente. Utiliza frases concretas en vez de etiquetas para describir su comportamiento; es mejor decir «Tu redacción tiene mucha fuerza y sentimiento» que «Eres un buen escritor». Ayúdales a reconocer las capacidades que están desarrollando bien y dales pautas concretas para seguir aprendiendo.

Habla con claridad de los temas delicados

«En mi familia había tantos temas que no se podían tocar que cuando nos fuimos de casa seguimos hablando de lo mismo una y otra vez.»

Una de las cosas que me llamó la atención cuando estaba preparando mi libro anterior, *Fathering,* fue que la mayoría de los padres a los que entrevisté no había hablado jamás con otro hombre de los temas que más les preocupaban como padres. ¿Conoces a alguna madre que no haya mantenido cientos de veces una conversación de este tipo con sus amigas? Esta trágica diferencia se deriva del modo en que educamos a los niños y a las niñas. A las niñas las animamos a hablar, a hacer preguntas, a expresar sus dudas y a pedir ayuda. A los niños les enseñamos a fingir que saben las respuestas y, si no es así, a no reconocerlo. La cómica manifestación de este fenómeno es el famoso chiste de que los hombres nunca preguntan cómo se va a ningún sitio.

Es nuestra responsabilidad contrarrestar esta tendencia hablando con nuestros hijos de asuntos delicados, como la pornografía o la masturbación; de temas tan personales como los valores y la espiritualidad; de cuestiones políticas y filosóficas, en las que el diálogo suele degenerar en una discusión. Cuando evitamos estos temas condenamos a nuestros hijos al aislamiento. Nos alejamos de ellos y no les ofrecemos ningún tipo de ayuda u orientación, y reforzamos la absurda idea de que, al llegar a la madurez, descubrirán todas las respuestas sin ninguna dificultad. Pero si les animamos a plantear sus dudas, les ayudaremos a crecer y a resolver sus problemas.

Padres: Habla con tus hijos de todo lo que consideres importante. Presta mucha atención a los temas que preferirías evitar. Si te resulta violento hablar de ellos, imagina lo incómodos que deben sentirse tus hijos.

Profesores: Busca tiempo para hablar en grupos más o menos reducidos de las cuestiones que preocupen a tus alumnos. Anímales a hacer una lista de temas profundos y frívolos. Cualquier tema es válido para aprender a hablar y a escuchar.

Fomenta la interdependencia

«Cuando yo era pequeño no nos iban muy bien las cosas, pero por eso mismo tuvimos que depender de tíos, abuelos

e incluso primos mucho más que la mayoría de mis amigos.
Crecí en una gran familia en cierto sentido disfuncional,
pero con mucho amor, y creo que ha sido muy positivo.»

Uno de los fenómenos más comunes pero poco estudiado de los últimos cincuenta años es el hecho de que al llegar a la madurez los chicos se alejen cada vez más de sus familias. Sabemos que ocurre, y buscamos excusas para justificarlo —«Está muy ocupado con su trabajo y con el niño que acaba de tener»— pero nos negamos a reconocer que es una tragedia nacional que tiene un efecto devastador. La distancia emocional no se lleva en los genes; es el triste resultado de nuestro comportamiento.

Los chicos se alejan de la familia porque sin darnos cuenta les educamos para que lo hagan. Les obligamos a ser independientes muy pronto; les enviamos mensajes confusos respecto a lo que esperamos de ellos, con lo cual siempre nos defraudan; dedicamos muy poco tiempo a consolidar los vínculos familiares; y luego nos preguntamos por qué se separan tanto de nosotros.

Si queremos que nuestros hijos sigan a nuestro lado deben sentirse arropados en el seno familiar y saber que forman parte de un clan. Necesitan sentir el amor y el respeto de sus padres, abuelos, tíos y primos. Estos vínculos tienen unas raíces muy profundas, que no desaparecen fácilmente, pero tenemos que reforzarlos, y eso significa buscar tiempo para hacer cosas juntos e incluirlos en la vida familiar. Los beneficios para todos son incalculables, al igual que la tristeza que se siente cuando no se consigue.

Además de fomentar la independencia debemos enseñar a nuestros hijos el valor de la interdependencia: ninguno de nosotros puede arreglárselas solo, y todos tenemos más fuerza cuando nos apoyamos unos en otros.

Padres: Algunas familias nacen; otras se hacen. Si no tienes una familia extensa, créala. Busca abuelos, tíos y primos honorarios. Enseña a tus hijos que las relaciones de afecto son uno de los bienes más importantes de la vida, y dales un buen ejemplo manteniendo el contacto con la gente que te importe.

Profesores: Ayuda a tus alumnos a averiguar en quién pueden confiar más allá de su familia inmediata. Diles que elijan a seis personas mayores que ellos a las que admiren y que piensen en las cualidades que tiene cada una de ellas. Después anímales a escribir cartas, concertar citas o hacer llamadas de teléfono para conocerlas mejor.

Los retos de la adolescencia

*«Los años de mi adolescencia fueron
un auténtico infierno.»*

La adolescencia suele ser una época muy difícil, en la que influyen muchos factores. Al llegar a la pubertad, los niños experimentan una serie de cambios físicos que alteran muchas de las ideas y sentimientos que tenían hasta entonces. También es la época en la que comienzan a tener prisa por «hacerse mayores» y creen que lo saben todo, incluyendo quiénes son y qué quieren hacer en la vida. Pero incluso en las mejores circunstancias nuestros hijos adolescentes carecen de los recursos y la experiencia necesarios para sentirse cómodos respecto a estas cuestiones.

Para colmo, la cultura popular les ofrece una imagen distorsionada que les recuerda a todas horas que esos años son «maravillosos», la mejor época de su vida. El efecto acumulativo puede crear una enorme presión en nuestros hijos. Durante ese tiempo necesitan desesperadamente que estemos a su lado apoyándoles, recordándoles que es absurdo que pretendan obtener las respuestas a las preguntas que muchos adultos se siguen planteando, y proporcionándoles el amor que necesitan para encontrar su camino. Sin embargo, en ese preciso momento muchos padres se inhiben, unas veces porque consideran que «deben resolver los problemas por sí mismos» y otras porque no sabemos qué hacer con esas extrañas criaturas.

Los datos de los estudios son claros: Cuanto más se implican los padres en la vida de sus hijos, menor es el riesgo de que éstos acaben en el mundo de las drogas o la delincuencia, sacan mejores notas y tienen más autoestima. Esta época es crucial en sus vidas, y debemos estar a la altura de las circunstancias.

Padres: Cuando tus hijos lleguen a la adolescencia, participa en su vida de una forma más activa. Ahora te necesitan más que nunca. Lee *100 cosas que puedes hacer para amar a tu hijo*, de Judy Ford. Si te resulta especialmente difícil, busca un grupo de apoyo.

Profesores: Si adoptas una política abierta, tus alumnos se darán cuenta que estás dispuesto a ayudarles incluso fuera de clase. Organiza un club en el que puedan desarrollar una actividad interesante. El hecho de que participes en su vida en sus horas de ocio es crucial para los chicos de esta edad.

Capítulo 3

Cómo desarrollar nuevas actitudes y comportamientos

Puesto que muchos de nosotros crecimos bajo la influencia de las «antiguas normas» que determinaban cómo debía comportarse un hombre, el simple hecho de revisar nuestras creencias no es suficiente. Si educamos a nuestros hijos con un alto nivel de inteligencia emocional, tendremos la oportunidad de corregir nuestros errores y convertirnos en los adultos equilibrados en los que queremos que se vean reflejados.

Para muchos hombres eso significa aprender nuevos comportamientos, abrir nuestro corazón, comunicar nuestro amor abiertamente, vivir la vida en toda su plenitud, asumir nuestros errores y cultivar nuestra inteligencia emocional para poder comprender mejor las necesidades emocionales de nuestros hijos.

Dile que le quieres

«Mi padre nunca me dijo que me quería. Me dolió tanto que cuando tuve hijos decidí que iba a decirles que les quería a todas horas. Ahora mi hijo tiene veinte años, y cuando le digo que le quiero se siente un poco avergonzado, pero sé que le gusta oírlo.»

Dudo que nadie haya estudiado con cuánta frecuencia dicen los padres a los niños y a las niñas que les quieren, pero estoy seguro de que la diferencia es notable. ¿Por qué tenemos ese mal hábito? Los niños necesitan saber que les quieren tanto como las niñas, y algunos casos mucho más, porque se alejan con facilidad de nuestro amor. Necesitan que se lo recordemos de forma regular, y la mayor parte de las veces les fallamos.

El problema no es que no les queramos. No he conocido a ningún padre que no adore a su hijo, pero las influencias culturales nos condicionan de tal manera que tenemos miedo de decir algo tan importante como «Te quiero». Y ellos se sienten incómodos cada vez que lo oyen.

Pero esas palabras tienen un gran poder, sobre todo cuando no son habituales, y su ausencia crea un vacío cada vez más profundo. El amor no es algo que se pueda dar por supuesto. El amor es la base esencial de cualquier relación, y no tiene sentido que lo excluyamos de nuestro vocabulario.

Padres: Dile a tu hijo que le quieres todos los días. Hazlo con todo tu corazón y no te desanimes si a veces te sientes incómodo. Es necesario y hay que decirlo. No te limites a suponer que «lo sabe».

Profesores: Busca la manera de expresar tu afecto y tu aprecio. Para los niños, que les digan «Eres fabuloso» en la escuela es tan importante como oír «Te quiero» en casa.

Necesitan la ayuda de su padre

«Cuando estaba creciendo siempre me fijaba en mi padre para averiguar cómo debía ser un hombre, y a veces me parecía que me ocultaba a propósito las respuestas que necesitaba.»

Hoy en día muchos padres no sabemos lo que estamos haciendo. El hecho de que incluso hagamos bromas al respecto («No vienen con manual de instrucciones») demuestra lo ineptos que somos al afrontar la tarea más importante de nuestras vidas sin estar preparados del todo. En cualquier otra situación nos despedirían inmediatamente sin más contemplaciones.

Tener hijos en estos tiempos es un gran reto porque en primer lugar debemos redefinir qué significa ser un hombre y ser padre. Se supone que debemos hacerlo sin saber demasiado del mundo de las emociones y con poca o ninguna ayuda. Pero no tenemos otra alternativa si queremos que nuestros hijos se conviertan en hombres íntegros, fuertes y equilibrados.

¿Por dónde debemos empezar? ¿Qué se supone que debemos hacer? Uno de los principales obstáculos que he visto en todas las entrevistas que he realizado es nuestro miedo a lo desconocido. Muchos tenemos tantas dudas que nos quedamos paralizados y no hacemos nada. Es como intentar aprender un paso de baile complicado y quedarse bloqueado en el segundo movimiento. Los sentimientos están ahí, pero no encontramos el modo de expresarlos.

He comprobado que la mejor manera de aprender a ser padre es no ocultar lo que sentimos: reconocer que no estás seguro de lo que debes hacer y decir, reconocer que este nuevo territorio es demasiado importante para dejarlo sin explorar. Después haz o di lo que consideres oportuno en cada situación. Eres su padre, y mientras seas sincero e intentes ayudarle a comprender el mundo que le rodea siempre serás su héroe.

~~~~~~~~~~~~~~~~~~~~~~~

Padres: Papá: Habla con tu hijo de las emociones. No es fácil, pero si no lo haces llegará a la conclusión de que no es un tema de hombres. Comparte tus dudas y ayúdale a comprender las consecuencias negativas de crecer sin acceso al mundo emocional. Mamá: dale todo tu apoyo y recuerda que a veces tendrás que mantenerte al margen y dejar que papá haga las cosas a su manera.

Profesores: Cuando surja un tema apropiado para explorar las emociones generadas por una situación concreta, pregunta a tus alumnos cómo se sentirían en esas circunstancias. Ten cuidado al incluir a los chicos en el debate y sé comprensivo con ellos.

Haced turnos cuando sea necesario

«Una de las cosas que tengo que agradecer a mis padres
es que nunca me dejaron colgado. Siempre dejaban
una puerta abierta. Si discutía con mi padre, mamá venía
a mi habitación para hablar conmigo. Y si me enfadaba
con mi madre, aparecía papá para intentar solucionarlo.
Yo me sentía seguro, porque sabía que aunque metiera
la pata encontrarían la manera de arreglar las cosas.»

Nadie ha dicho que ser padre sea fácil, sobre todo si intentas aplicar métodos diferentes a los que utilizaron contigo. Hay veces en las que no sabes qué hacer, y lo único que te apetece es hacer comentarios nada constructivos en un tono de voz que sólo empeora las cosas. En esos casos debes pasar el testigo. Por definición, educar a un hijo de forma que aprenda a apreciar sus sentimientos lleva a situaciones con una gran carga emocional. De la noche a la mañana no va a ser un experto a la hora de manifestar su frustración, su tristeza y su ira, y por mucho que lo intentemos no siempre vamos a ser capaces de reaccionar de la forma más adecuada.

Cuando comiences a perder el control y veas que no puedes mantener la calma necesaria para dialogar con tu hijo, retírate y deja que otra persona actúe como intermediaria. Sobre todo después de una discusión acalorada, el hecho de incluir a alguien «neutral» os dará la oportunidad de tranquilizaros y reconsiderar el problema. Y te ayudará a detectar las reacciones y comportamientos que han contribuido a distanciaros.

Más tarde, cuando ambos estéis calmados y veáis las cosas con más claridad, podéis hablar de nuevo y buscar una solución que os haga sentir más unidos.

Padres: Esto es fácil de llevar a cabo si ambos vivís en la misma casa, pero incluso si estáis divorciados podéis hacer turnos para mantener la armonía, siempre que no demonicéis al otro: «Es terrible; por eso le dejé». Si no puedes contar con tu excónyuge, quizá tu padre, tu madre o un amigo de la familia puedan asumir este papel. Es esencial que todos podamos confiar en un adulto responsable y neutral.

Profesores: Nadie tiene la misma relación con todos los alumnos. Si no sabes qué hacer con un niño, busca a un colega que se lleve bien con él para hablar del asunto. Turnaos para hacer de mediadores cuando las cosas se compliquen. Si llegas al límite, busca ayuda para encontrar una solución en vez de desquitarte con el alumno.

El enemigo doméstico

«Mis padres siempre decían en broma que yo crecí con la televisión. Ahora que yo tengo hijos esa broma ha dejado de tener gracia.»

Los peligros más fáciles de ignorar son los que están tan arraigados en nuestra cultura que ya no los vemos como tales. Olvida por un momento que eres un adulto que puede distinguir el bien del mal y ponte a ver la televisión varias horas como si fueras un alienígena que intenta descubrir cómo son los humanos. Te garantizo que la experiencia será muy reveladora, sobre todo cuando te des cuenta de que así es como perciben los niños la televisión y de la influencia tan nefasta que tiene sobre ellos.

¿Quién está educando a tu hijo? Los datos de los estudios recientes indican que el tiempo que pasan los niños viendo la televisión supera en un cincuenta y seis por ciento al que pasan con sus padres y en un once por ciento al que pasan con sus madres. Piensa en el creciente aumento de la violencia en la pequeña pantalla: por cada hora de televisión hay más de treinta actos violentos. Si queremos educar a una nueva generación de niños con los recursos, los valores y la madurez emocional que consideramos necesaria, no podemos ignorar al enemigo que tenemos en casa simplemente porque a veces pueda ser un amigo.

Padres: Controla lo que vean tus hijos y elige programas que potencien valores humanos positivos. Limita el acceso a la televisión y no caigas en la trampa de utilizarla como niñera. Cuando veas la televisión habla de lo que estés viendo.

Profesores: Analiza un programa popular de la televisión y anima a los niños a plantear preguntas sobre el tipo de valores y comportamientos que se reflejen en él. Enséñales a ver la televisión con una actitud crítica.

Sé tú mismo

*«Algunas veces, cuando estoy con mi hijo,
me preocupa tanto qué debería decir, cómo debería
acercarme a él y cómo debería reaccionar que me quedo
bloqueado y no soy nada natural.»*

Al igual que nuestros hijos, también nosotros nos sentimos perdidos a veces; ser padre no es fácil, y nadie tiene la práctica suficiente. La mayoría intentamos hacerlo lo mejor que podemos, confiando en el amor que sentimos por nuestros hijos y en lo que se nos pueda ir ocurriendo a lo largo del camino.

Sin embargo, hay algunas cosas que deberíamos saber y tener en cuenta, hay cosas que deberíamos hacer y cosas que deberíamos evitar, hay actitudes que deberíamos desarrollar o modificar, y todo eso hace que nos sintamos abrumados. Es como un nuevo conductor que tiene que recordar cientos de detalles para poner en marcha el vehículo.

El mejor consejo que puedo darte es que te relajes y seas tú mismo. Aunque no seamos perfectos, al menos podemos mostrarnos como somos para mantener una relación auténtica con nuestros hijos. Lo que quieren y necesitan de nosotros es que seamos sinceros y estemos presentes en su vida. Si te sientes perdido o confuso, reconócelo. Y si estás a punto de perder el control, espera un rato y recupera la calma antes de seguir hablando con ellos.

〜〜〜〜〜〜〜〜〜〜〜〜〜〜〜〜〜〜〜〜〜〜

Padres: No intentes ser un padre perfecto. Es imposible. Pero puedes darle a tu hijo lo mejor de ti; le resultará mucho más útil que un manual de paternidad.

Profesores: Las técnicas educativas constituyen la base de tu trabajo, pero no debes permitir que influyan en tu personalidad. Deja que tus alumnos vean cómo eres para que comprendan la importancia de ser uno mismo.

Ten cuidado con las críticas

> *«Mi padre siempre estaba corrigiéndome. Incluso cuando hacía algo bien me decía que podía haberlo hecho mejor. Para cuando me fui a la universidad apenas nos hablábamos. Estaba tan dolido que le escribí una carta muy larga para intentar explicarle cómo me sentía. Me la devolvió con todas las faltas de ortografía marcadas con tinta roja.»*

Los padres solemos ser excesivamente críticos con nuestros hijos. Es como si nuestro temor a que no les vaya bien en la vida nos obligara a presionarles para que se esfuercen más. No tiene nada de malo que les planteemos retos positivos en el momento adecuado, pero cuando nos excedemos los interpretan como una crítica continua y no como un aliciente para superarse. Y en esos casos adoptamos una posición en la que no pueden confiar en nosotros, porque en su mente nuestra respuesta automática siempre es crítica.

Ante todo tenemos que mantener el contacto con nuestros hijos, por difícil que resulte. Si eso significa controlar de algún modo nuestros temores respecto a su futuro, o buscar la manera de orientarles sin romper la comunicación, debemos hacerlo. No podemos cruzarnos de brazos y decir «No nos escuchan», porque tenemos la obligación de tratarles con amor y respeto para que aprendan a escuchar.

〜〜〜〜〜〜〜〜〜〜〜〜〜〜〜〜〜〜〜〜

Padres: Ten mucho cuidado con el modo y el momento en que critiques a tu hijo. Aunque tus intenciones sean buenas, éste es un territorio muy peligroso. Cuando veas que intenta alejarse o cerrarse en banda, deja lo que tengas entre manos, por importante que sea, y haz todo lo posible para restablecer la comunicación.

Profesores: Centra tus interacciones en los resultados positivos de tus alumnos, ya sean académicos o de comportamiento. Aními-males a evaluar sus resultados antes de hacerlo tú. Diles con claridad cuáles son tus expectativas para que puedan comprender las críticas.

〜〜〜〜〜〜〜〜〜〜〜〜〜〜〜〜〜〜〜〜

No dejes de abrazarle

«Cuando mi hijo tenía seis años fui un día con él al supermercado. No recuerdo de qué estábamos hablando, pero nos lo estábamos pasando muy bien, y en un momento dado lo cogí y le di un abrazo. Una señora mayor que pasaba por nuestro lado me miró indignada y me dijo: "Debería darle vergüenza tocarle de ese modo". Me quedé tan pasmado que no supe qué responder.»

Mucha gente piensa que cuando los niños llegan a determinada edad no necesitan que les abracen. Esta absurda idea puede tener su origen en una serie de temores infundados, entre ellos el miedo a que los niños «se vuelvan» homosexuales, o en la categoría de los errores más sofisticados, como el miedo a causar un daño psicológico al «dificultar» el proceso de individuación. Sea cual sea el motivo, ya es hora de que lo enterremos.

Los abrazos y el contacto físico son el elixir mágico más eficaz que poseemos. Todos necesitamos que nos toquen y nos acaricien. Es una de las formas más poderosas de dar y recibir amor, y nos ayuda a sentir a un nivel muy profundo que estamos en contacto con la gente que queremos.

Privar a un niño de ese increíble don puede ser devastador, porque aunque le queramos le estamos aislando y alejando del círculo de nuestro amor. Si queremos que nuestros hijos crezcan con madurez emocional y comprendan mejor sus emociones, tenemos que hacer todo lo posible para mantener el contacto con ellos para que puedan sentir y compartir los aspectos más profundos de nuestro amor.

Padres: No dejes de abrazar a tus hijos. Debido a la herencia cultural que les rodea habrá veces que se resistan o se sientan avergonzados. Comprende y respeta sus sentimientos, pero no dejes que te impidan demostrar físicamente tu cariño.

Profesores: Cuando sea posible dales a tus alumnos una palmadita en la espalda o tócales el brazo. Con el miedo a las acusaciones y los pleitos, corremos el riesgo de eliminar los gestos de apoyo de nuestro vocabulario corporal. Mantén tu derecho a tener un contacto correcto y casual. En la mayoría de los casos potencia el aprendizaje.

Felicítale

*«Un año perdí la final de un campeonato de tenis
contra un niño que nunca me había vencido,
y estaba muy enfadado conmigo mismo por lo mal
que había jugado. De vuelta a casa mi padre me dijo
que estaba orgulloso de la deportividad con que había
felicitado al ganador. Yo estaba tan alterado que no
me acordaba, pero al escuchar sus palabras me sentí
bien, como si hubiera conseguido algo después
de todo.»*

Desde el momento en que aprenden a andar, los niños son el blanco de tantas críticas y correcciones que acaban pensando que sus padres no saben hacer otra cosa. Por eso tenemos que intentar reconfortarles y felicitarles todo lo posible. Pero debemos ser sinceros. Si felicitas a tu hijo por hacer un gran partido cuando en realidad ha jugado mal, además de caer en saco roto, tus palabras te situarán en la categoría de la gente en la que no se puede confiar.

Pero los elogios sinceros son cruciales, porque necesita saber que estás presente en su vida no sólo para compartir sus problemas y sus logros, sino también para celebrarlos y apoyarle en todo momento.

Sé generoso con tus elogios. No los restrinjas a los éxitos académicos o deportivos. Esos encomios están bien, pero navegar por el territorio de los sentimientos y el desarrollo personal es mucho más difícil que un examen o un partido, y es ahí donde necesita más tu apoyo.

Padres: Felicita a tu hijo por su sinceridad, incluso cuando admita que ha hecho algo mal. Felicítale por su generosidad, su amabilidad y su consideración hacia los demás. Felicítale por preocuparse de lo que está bien y mal y por reciclar latas y botellas. Felicítale por todo lo que haga que te sientas orgulloso de ser su padre.

Profesores: Los elogios sinceros son importantes para los niños. Sugiere a tus alumnos que hablen de las cosas que les diga la gente que les hayan animado a aprender o esforzarse más.

Anímale cada vez más

*«Empecé a jugar al fútbol con siete años, y cada vez
que mi padre venía a verme me daba una palmadita
en la espalda y me decía: "Buen partido, hijo".
En el último curso de secundaria, mientras recibía
ofertas para jugar en varias universidades, seguía diciendo:
"Buen partido, hijo".»*

La rutina puede devaluar el significado de cualquier cosa, incluso de los elogios. Para educar a un niño hay que establecer una serie de rutinas, pero sin abusar de ellas. Si tu hijo escribe bien y le has felicitado durante años, el «Muy bien» puede perder valor al cabo de un tiempo. Lo mismo sucede en otros ámbitos: «Has hecho un buen partido» o «Ha sido muy generoso por tu parte». Estos comentarios son positivos, pero con la repetición pierden su sentido.

A medida que nuestros hijos hagan mejor las cosas y desarrollen nuevos aspectos de su carácter tenemos que hacer un esfuerzo para demostrarles que nos hemos dado cuenta y que estamos encantados: «Me gusta mucho la riqueza de palabras con la que has descrito esto», «Ahora juegas con más soltura y destreza» o «Me alegra que vieras que tu hermana necesitaba tu apoyo».

Si elogiamos sus logros con la intensidad que merecen podemos ayudarles a sentirse apreciados y demostrarles que estamos a su lado en ese maravilloso viaje hacia la madurez.

Padres: Presta atención a los cambios que experimente tu hijo y hazle saber que te alegras de sus progresos. Busca nuevos motivos para felicitarle y nuevas formas de hacerlo.

Profesores: Es fácil acostumbrarse a usar siempre las mismas frases para comentar el trabajo de clase. Recuerda que los comentarios sinceros y específicos pueden potenciar el aprendizaje y ayudan a los niños a sentirse apoyados.

No tengas miedo de los vínculos maternofiliales

*«Cuando tenía unos ocho o nueve años mi madre
me traspasó a mi padre. Suena un poco raro,
pero así es como me sentía. Cada vez que
intentaba hablar con ella, me decía:
"Díselo a tu padre" o "Espera a que llegue tu padre".
Nunca lo entendí muy bien, pero creo que era
para que aprendiera a ser un hombre.»*

En nuestra cultura existe el mito de que antes de llegar a la adolescencia los niños deben «separarse» de sus madres e identificarse con sus padres para convertirse en hombres. Pero nada más lejos de la realidad. Para crecer con una perspectiva integrada del mundo necesitamos todos los recursos que nos puedan ofrecer nuestros padres, madres, abuelos, amigos, mentores y cualquier otra persona a la que le interese formar parte de nuestra vida.

Cortar de un modo artificial una de estas fuentes, sobre todo una tan importante como la de la madre, puede ser fatídico. Las madres han sido por tradición las principales proveedoras de cariño, y si rompemos ese vínculo basándonos en una absurda creencia podemos alejar a nuestros hijos del mundo de las emociones. Y eso es precisamente lo que no queremos hacer.

Esto no significa que las madres sean más importantes que los padres para el desarrollo de los niños. Nuestros hijos necesitan que ambos les ofrezcamos todo lo que podamos para que tengan una gran variedad de recursos y puedan elegir las características, los valores y los ideales que les resulten más útiles.

Padres: Haz todo lo posible para que tu hijo tenga una buena relación con su madre. Puede que mamá pueda llevarle a ver un partido o salir con él de vez en cuando.

Profesores: Pide a tus alumnos que consideren qué cosas importantes han aprendido de sus madres. Haz una celebración para honrar los vínculos entre las madres y los hijos. Analiza el papel que han desempeñado las madres a lo largo de la historia.

Individuación sin separación

«Una de las anécdotas familiares que siempre cuenta mi madre es la de mi primer día de escuela.

*Tenía cuatro años y por lo visto me enganché a ella,
comencé a gritar y no la dejaba marcharse. Tuvieron
que agarrarme tres personas para que la soltara.»*

Como ya he comentado, uno de los mitos que tenemos que superar es el de que los niños tienen que separarse de sus madres para que no crezcan débiles y pusilánimes.

En esta historia hay muchos errores. En primer lugar no es a su madre a quien intentan agarrarse, sino a la persona de quien reciben más cariño. Podría ser el padre. Aunque las cosas están cambiando, en nuestra cultura el cuidado de los hijos ha sido una tarea casi exclusivamente femenina, así que el error es fácil de entender. Pero no es una cuestión de género, sino de comprender que los niños no quieren renunciar a los lazos emocionales con los que han crecido.

Esto es algo que deberíamos potenciar. Tenemos que dejar de pensar en términos de separaciones forzosas y reforzar los vínculos emocionales con nuestros hijos para que puedan descubrir el mundo por sí mismos sabiendo que siempre estaremos a su lado. Deben saber que siempre tendremos la puerta de nuestro corazón y los brazos abiertos y que ese vínculo emocional no desaparecerá nunca.

En vez de separarnos de nuestros hijos tenemos que centrarnos en su proceso de individuación. Hay una gran diferencia. Al hablar de separación decimos: «Tienes que marcharte para crecer y convertirte en un adulto». Y al hablar de individuación transmitimos este mensaje: «Queremos ayudarte a crecer, y haremos todo lo que podamos para apoyarte porque nadie puede hacerlo por sí mismo». Habrá veces en las que tengamos que darles un pequeño empujón, pero debemos asegurarnos de que no olviden que la conexión no se romperá jamás.

~~~~~~

Padres: Cuando tu hijo comience a explorar su propio mundo, apóyale y anímale, pero sin forzarle. Asegúrate de que comprende que puede crecer sin separarse de ti. Y cuando le recibas procura consolidar ese vínculo tan especial que hay entre vosotros.

Profesores: Analiza historias que traten los temas de la individuación y la separación, como *Peter Pan* o *El pequeño Tate*. Explica a tus alumnos que pueden ser independientes sin romper ningún lazo. Diles que escriban su propia historia: «Al hacerme mayor...».

~~~~~~

Mantén la comunicación

«Cuando era pequeño tenía una sólida red de seguridad.
A veces me encerraba en mí mismo y no encontraba
la forma de salir. Pero mi madre siempre se daba
cuenta y buscaba el momento oportuno para preguntarme
cómo me sentía.»

En un mundo perfecto todos seríamos responsables de lo que pensamos y sentimos, y esa responsabilidad nos obligaría a comunicarnos de forma regular con nuestros seres queridos. Pero no vivimos en un mundo perfecto, y para nuestros hijos, que deben hacer frente a un gran número de problemas, la comunicación abierta está muchas veces fuera de lugar.

Los chicos, sobre todo durante el turbulento periodo de la adolescencia, se sienten abrumados por un exceso de información. Sus hormonas provocan sensaciones extrañas que les resultan desconocidas. Su cerebro debe procesar las tareas escolares, las instrucciones paternas y las expectativas sociales, por no hablar de las relaciones con las chicas y las dudas sobre su futuro. Sus emociones les desbordan, y no tienen la edad ni la experiencia suficiente para asimilar todo lo que está sucediendo.

Por eso debemos tener las antenas desplegadas y estar preparados para intervenir. Pero tenemos que hacerlo con tacto, en el momento oportuno y con la actitud adecuada. El momento oportuno puede ser cualquiera; lo más importante es que no haya ninguna distracción para que reciban nuestro mensaje. Con un sincero «¿Cómo estás?», «Pareces preocupado» o «¿Puedo hacer algo por ti?» suele ser suficiente, aunque durante la adolescencia hay veces en las que cualquier comentario cariñoso se recibe con un gruñido. Si ocurre esto, retírate e inténtalo más tarde.

Para mantener la comunicación, nuestro interés debe ser sincero, y al mismo tiempo tenemos que respetar su silencio si no les apetece hablar. Unas veces se abrirán y otras no. Pero si saben que vamos a estar ahí, preocupándonos por ellos, se sentirán seguros y sabrán que no están solos con su torbellino de emociones.

Padres: Comunícate con tu hijo de forma regular. Si no vives con él busca una manera —teléfono, correo electrónico, lo que sea— de mantener la línea abierta. Aunque pasen semanas o meses sin que te abra su corazón, sigue intentándolo.

Profesores: A veces los niños se abren con más facilidad a otras personas que a sus padres. Acércate a tus alumnos de forma casual con regularidad. Presta atención a los cambios de comportamiento que puedan ser un grito de ayuda.

Relájate

*«A veces me siento como un fraude. Cuando hablo
con mi hijo le pongo normas o le doy consejos
como si supiera lo que estoy haciendo, pero lo cierto
es que en muchos aspectos tengo tantas dudas como él.
Las únicas ventajas que tengo son un par de décadas
de experiencia y más práctica para razonar.»*

Casi todos los hombres occidentales siguen aferrados al mito masculino de que al hacernos mayores somos fuertes, aprendemos a solucionar problemas y tenemos todas las respuestas. Si nos convencemos de ello incluso experimentamos esa sensación cuando nuestros hijos son pequeños y nos ven de ese modo.

Es una sensación extraordinaria hasta que nos damos cuenta de que estamos engañando a nuestros hijos y que en realidad nos esforzamos para hacerlo lo mejor posible. Así pues, debemos resistir la tentación de fingir que tenemos todas las respuestas.

De esta manera les haríamos a nuestros hijos un gran favor, porque mientras pretendamos que lo sabemos todo nuestros hijos creerán que también ellos deben ser así, aunque sepan que nunca lo conseguirán. Al mantener una imagen de perfección minamos su confianza y reforzamos una idea fantástica de lo que debe ser un hombre.

Para evitarlo, cuando tu hijo se enfrente a una situación difícil aprovecha la oportunidad para reconocer que también tú has tenido problemas. Háblale de las estupideces que has dicho o has hecho, o de las veces en las que te ha dolido lo que han dicho otras personas. Demuéstrale que no eres infalible para que vea que en este territorio la confusión es normal y que siempre puede contar contigo.

Padres: Como padres tenemos que despojarnos de nuestra imagen idealizada y bajar a las trincheras con nuestros hijos. Tenemos mucho que ofrecerles, pero no podremos compartirlo hasta que bajemos de nuestro pedestal y dejemos de fingir que lo sabemos todo.

Profesores: También es importante que los profesores reconozcan sus errores y su confusión. Por ejemplo, podemos explicar a nuestros alumnos que ser adulto no significa tener todas las respuestas, sino continuar explorando nuevas cuestiones.

Los niños necesitan que les comprendan

*«Durante muchos años, todas las conversaciones
que tenía con mi hijo acababan con la misma frase:
"Tú no lo entiendes". Para mí no tenía sentido,
porque creía que siempre hablábamos de lo mismo.»*

Parece fácil, ¿verdad? Al fin y al cabo somos adultos; sabemos escuchar y ser comprensivos. ¿Entonces por qué nos dicen siempre nuestros hijos que no lo entendemos? La respuesta es muy sencilla: cuando hablan contigo, y sobre todo cuando discuten contigo, el 90 por ciento de lo que dicen son palabras con las que intentan expresar lo que sienten. Crecer no es un proceso racional; es casi exclusivamente una experiencia emocional, y lo que intentan decirnos es cómo se sienten, no lo que piensan.

Pero nosotros nos empeñamos en escuchar sus palabras como un argumento racional que en muchos casos es inapropiado, e inmediatamente adoptamos una actitud «sensata» para ayudarles a comprender los fallos de su lógica. El problema es que lo que parece un argumento racional en realidad no lo es.

Nuestros hijos intentan expresarse de una forma lógica, pero necesitan desesperadamente que descifremos el código y escuchemos los sentimientos que hay debajo de las palabras. Como padres tenemos que comprenderles, y eso significa ir más allá de las palabras y escuchar los sentimientos que intentan expresar para ayudarles a entender cómo se sienten.

Padres: Cuando tu hijo comience a explicar algo acaloradamente, en vez de centrarte en los hechos pregúntale: «¿Y cómo te has sentido cuando ha ocurrido eso?». Al menos de ese modo irás en la dirección correcta.

Profesores: Potencia el lenguaje emocional en los debates. Profundiza en la historia y habla de lo que puedan sentir los personajes. Con esta perspectiva darás vida a los debates y ayudarás a los niños a enfrentarse a cualquier obra literaria, momento histórico o concepto científico.

Fortalece la confianza con una actitud equilibrada

«Mi padre era muy voluble. Según de qué humor estuviera podía ser terriblemente brusco y sarcástico conmigo o increíblemente cariñoso. Le desconcertaba que yo no pudiera cambiar de humor con tanta facilidad. Me costó mucho tiempo recuperarme de uno de sus ataques verbales.»

Ser un chico no es fácil, sobre todo porque para la mayoría sigue siendo un secreto lo difícil que resulta. En general no queremos reconocerlo, y muchos ni siquiera nos damos cuenta de lo arduo y solitario que puede ser el camino. Pero esta historia tiene otro lado: tampoco es fácil educar a un niño. Las mismas presiones que hacen que crecer sea tan difícil convierten la educación de los niños en una tarea muy delicada, en la que todos nos equivocamos una y otra vez.

Una de las razones por las que es tan difícil ser padre es que en muchos casos las consecuencias de nuestros errores son más graves y duraderas de lo que pensamos. En el terreno de la confianza, los niños tienen un límite muy bajo de tolerancia. Se sienten tan inseguros y tienen tanto miedo a ponerse en evidencia —sobre todo en el ámbito emocional— que si ignoramos sus necesidades o sus gritos de ayuda acaban convencidos de que no nos importa lo que les ocurra.

Por eso tenemos que hacer todo lo posible para mantener el equilibrio emocional. Nuestros hijos no pueden aprender a confiar en nosotros si les gritamos como locos y un segundo después les damos un abrazo. El equilibrio emocional es un rasgo que todos podemos cultivar intentando pensar antes de hablar y esperando a estar calmados antes de hacer frente a una situación conflictiva.

Si nuestros hijos pierden la confianza no la podrán recuperar de la noche a la mañana. Tenemos que comprender sus mensajes y dedicarles el tiempo necesario para que sepan que estamos ahí, que siempre estaremos ahí (aunque nos equivoquemos), que les queremos con todo nuestro corazón y que respetamos sus sentimientos.

Padres: Cuenta hasta diez, hasta cien o hasta mil en vez de hacer comentarios negativos. Y si tu hijo se aleja de ti haz todo lo que sea necesario para recuperar su confianza. Abre tu corazón y ten paciencia.

Profesores: Haz todo lo posible para mantener la calma. Proporciona a tus alumnos recursos para que desarrollen su equilibrio emocional. Enséñales a controlar las emociones intensas dibujando, cantando o haciendo ejercicio.

Sé optimista

«Mi padre solía hablarme de vez en cuando de "lo dura que es la vida". Creció en la época de la Depresión, y para él la vida era una lucha continua por sobrevivir. Solía asustarme tanto que no quería crecer.»

Con las tragedias y las catástrofes que llegan a diario a nuestros hogares a través de los medios de comunicación, a veces nos cuesta recordar que el panorama que nos presentan es extremadamente parcial y que lo pintan muy negro. En el mundo hay muchos problemas, pero también hay cosas que funcionan, lugares donde florece la vida y problemas que se resuelven.

Es importante que nuestros hijos conozcan el otro lado de la historia, que sepan que también tenemos motivos para ser optimistas. Es importante porque siguen existiendo muchas ideas distorsionadas sobre la masculinidad que les obligan a hacer cosas inalcanzables en un mundo que parece girar sin control. Sin embargo, éste es el mundo en el que deben crecer. Si no les damos una alternativa y les ayudamos a tener esperanzas, corremos el riesgo de que se den por vencidos antes de comenzar.

Padres: Averigua qué va bien en el mundo y coméntalo con tus hijos. Háblales de los cambios positivos que hayas experimentado en tu vida. Anímales a centrarse en lo que es posible para que no se sientan agobiados ante la idea de heredar un mundo que se ha vuelto loco.

Profesores: Pide a tus alumnos que lleven a clase buenas noticias. Recomiéndales revistas y publicaciones con un punto de vista positivo. Crea buenas noticias iniciando un proyecto social.

Actitud ante los desacuerdos

«La mitad de las veces, cuando me castigaban acababa en mi habitación hecho una furia, porque para mí los castigos siempre eran exagerados.»

Uno de los mayores peligros a la hora de educar a nuestros hijos es que se alejen de nosotros y se sientan solos. El peso de la tradición ya les impulsa a distanciarse, y debemos asegurarnos de que no hacemos nada para agrandar esa distancia. La situación es especialmente delicada cuando tenemos desacuerdos con nuestros hijos. No podemos evitar que se metan en algunos líos, pero es importante que como árbitros del bien y el mal les pidamos que participen de manera activa para comprender lo que está ocurriendo y qué consecuencias puede tener.

Eso no significa que debamos cederles el control, sino que debemos ayudarles a entender por qué hemos tomado esas medidas, escuchar y respetar sus razones (aunque no estemos de acuerdo) y por último pedirles que planteen sus sugerencias para resolver el conflicto.

Esto implica también que debemos ser sinceros respecto a nuestros sentimientos. Recuerdo que cuando mi hijo estaba en el instituto tuvimos una discusión porque había vuelto tarde a casa sin avisar. No llegábamos a ningún sitio, hasta que le dije que tenía miedo de que le hubiera pasado algo. Aquello le llegó al alma. Me pidió perdón, nos abrazamos y una conversación que estuvo a punto de separarnos hizo que nos sintiéramos más unidos. Y lo que es más, a partir de entonces nunca dejó de llamar si iba a volver tarde.

Padres: Cuando haya un desacuerdo o regañes a tu hijo explícale con claridad tu postura y sé sincero: debe saber que te preocupas por él. No permitas nunca que un desacuerdo os separe; aprovecha la oportunidad para acercarte más a él.

Profesores: En clase los problemas de disciplina también se deben plantear en los dos sentidos. No olvides escuchar la versión del que ha comenzado la pelea. Busca acuerdos y compromisos para que ambos cambien de actitud.

Practica la honestidad

«Mi hermano siempre se inventaba alguna historia para cubrirse las espaldas. Nunca sabía si lo que decía era cierto o no. En consecuencia le perdí el respeto, y sigo sin creer nada de lo que dice.»

Aunque sabemos que la verdad tiene un gran poder y que sin ella todo se convierte en un juego de ilusiones, muchas veces los niños se sienten impulsados a mentir. ¿Por qué? Yo creo que la respuesta se encuentra en el espacio que separa las expectativas de la realidad.

Los chicos, más que las chicas, suelen tener una imagen de sí mismos que quieren que sea cierta, y cuando no están a la altura de esa imagen les resulta más fácil mentir que reconocer que han fracasado. Reciben tantos mensajes sobre lo que deben hacer que se sienten abrumados y necesitan crearse una imagen que satisfaga sus expectativas. Pero esta imagen no es real, y cuando no alcanzan su objetivo la única alternativa que les queda es fingir lo contrario.

Como padres tenemos que enfrentarnos a sus mentiras con una actitud comprensiva, sin ira, para enseñarles la importancia que tiene la honestidad. No son «niños malos»; cuando mienten están intentando desesperadamente ser buenos (o al menos parecerlo).

Y lo que es más importante, tenemos que ser honestos, sobre todo al relacionarnos con ellos. Cuando cometemos un error lo menos que podemos hacer es reconocerlo. En lugar de buscar excusas para defenderte, aprovecha la oportunidad para demostrarles el valor de la honestidad: «Sí, agente, iba a setenta por hora cuando debía ir a cincuenta», «Sí, hijo, te prometí que iría al partido». Si estás dispuesto a decir la verdad pase lo que pase les ayudarás a comprender la importancia de la honestidad.

~~~~~~

Padres: Una de las mejores técnicas para enseñar a los niños a no mentir es decirles esto: «Si me dices la verdad no te pasará nada». Además de potenciar la honestidad les demostrarás que valoras más el hecho de que sean honestos que el que sean perfectos.

Profesores: Ponles la película *Mentiroso compulsivo*. Habla de las excusas y las mentiras, las exageraciones y las verdades a medias. Invita a tus alumnos a pensar en lo que significa ser honesto consigo mismo y con los demás.

~~~~~~~~~~~~~~~~~~~~~~~~~~~~~~~~~~~

Oportunidades de aprendizaje

*«Cuando fui al instituto me alejé mucho de mi madre,
y un día al volver a casa me la encontré llorando.
Su madre había muerto. Estuvimos mucho tiempo
abrazados compartiendo una tristeza que aún
puedo sentir. Aquel día cambiaron mis relaciones
con ella.»*

A veces la vida no es tan previsible como nos gustaría que fuera. Claro que todos tenemos una rutina que se repite una y otra vez, y en medio de esa rutina solemos conectar el piloto automático: siempre hacemos las cosas de la misma manera, incluso al relacionarnos con nuestros hijos. Pero como padres debemos prestar atención a las posibilidades que nos brinda la vida; cuanto más atentos estemos más oportunidades descubriremos.

Las tragedias, como la enfermedad o la muerte de un familiar o una catástrofe natural, siempre ofrecen la oportunidad de compartir sentimientos y consolidar vínculos. Pero incluso un día normal puede surgir algo, como un cambio de humor o un atasco de tráfico provocado por un accidente. Esos momentos nos permiten abrirnos al mundo de las emociones, pero en muchos casos hacemos lo contrario. Nos sentimos incómodos o asustados y no sabemos qué decir, así que nos cerramos. Incluso cuando muere un ser querido adoptamos una actitud tan estoica que olvidamos compartir nuestro dolor.

Aprovecha todas las oportunidades que surjan en tu vida para acercarte a tus hijos y reforzar tus vínculos con ellos.

Padres: Piensa en algo que haya ocurrido hoy que pueda ayudarte a conectar con tu hijo. Resiste la tentación de guardar silencio porque puedas sentirte incómodo o no sepas exactamente qué decir. Sé tú mismo y habla con el corazón.

Profesores: Convierte las malas noticias en una oportunidad para que los niños expresen sus sentimientos y compartan su opinión sobre cualquier suceso, como los terremotos de Turquía o la guerra de un país lejano. Habla también de los acontecimientos importantes para tus alumnos: el nacimiento de un hermano, la partida de un amigo.

Límites

«Cuando estaba en el instituto me di cuenta de que mis padres eran muy estrictos con mi hermana, mientras que a mí no me exigían nada. Lo único que hacía era meterme en líos.»

Los niños necesitan normas y límites. Sin ellos la vida puede ser espantosa, puesto que no tienen recursos ni experiencia para tomar decisiones. Y la situación se complica cuando llegan a la adolescencia. Entonces fuerzan los límites e intentan convencerse a sí mismos de que son «mayores» y pueden tomar sus propias decisiones, pero no es así, al menos sin correr graves riesgos. Sin embargo, nosotros, de forma inconsciente, no tratamos de igual modo a los chicos y a las chicas: intentamos proteger a nuestras hijas (a veces en exceso) mientras que nos alejamos de nuestros hijos creyendo equivocadamente que deben afrontar solos este difícil trance para convertirse en hombres.

Establecer límites adecuados es esencial. Las normas deben ir variando a medida que nuestros hijos crezcan y aprendan a tomar sus propias decisiones. Y eso significa que debemos estar cada vez más dispuestos a negociar y reforzar las normas y los límites razonables. Cuando debas hacer frente a este difícil proceso recuerda que si no te implicas tus hijos lo interpretarán como un abandono. En el fondo saben que necesitan que les ayudes y les orientes, y si no lo haces pensarán que no te preocupas por ellos.

~~~~~~

Padres: Cuenta con tu hijo para establecer los límites, sobre todo a medida que crezca: ¿Qué hora te parece razonable para ir a la cama? ¿A qué hora crees que deberías volver los fines de semana? Aunque quizá encuentres algún obstáculo, la mayoría de los padres que utilizan este sistema afirman que las normas que proponen sus hijos son más estrictas que las suyas. Y si ayuda a poner las reglas se esforzará más para cumplirlas.

Profesores: Explica a tus alumnos las ventajas de los límites. Ayúdales a descubrir por qué son útiles las normas de comportamiento y en qué sentido les dan más libertad.

~~~~~~

El poder de la empatía

«Mi tía favorita era la tía favorita de todo el mundo.
Era una de esas personas que tenía una gran influencia

en todos los que le rodeaban. No era rica ni famosa,
pero tenía el don de hacer que te sintieras como la persona
más importante del mundo, y que pensaras que todo
lo que sentías era fascinante.»

La empatía es el arte de ponerse en el lugar de otra persona. Es un don extraordinario y uno de los recursos más poderosos que tenemos a nuestro alcance. Por desgracia, también es uno de los más escasos, sobre todo en los hombres. No es ninguna sorpresa, puesto que los hombres se alejan incluso de las capacidades emocionales básicas, pero es una gran tragedia porque a través de la empatía podemos enriquecer nuestra experiencia emocional en gran medida. Si somos capaces de comprender los sentimientos de los demás y ofrecerles nuestro apoyo ampliaremos de forma considerable nuestro mundo emocional.

La empatía es el arma secreta para conseguir que nuestros hijos crezcan con inteligencia emocional, así que debemos ponerla en práctica. Lidera siempre con el corazón. En cualquier situación céntrate en los sentimientos de tu hijo. Cuando exprese su alegría, esté enojado por haberse peleado con su mejor amigo o se sienta triste por una enfermedad, comparte sus sentimientos y disfruta de esta extraordinaria capacidad humana. Si aceptas la oportunidad que te ofrecen tus hijos de compartir sus sentimientos les enseñarás a valorar la importancia del mundo emocional.

Padres: Además de modelar la empatía, ponla en práctica con tus hijos. Diles que se imaginen cómo se sentirían si fueran sordos como el vecino de al lado, si perdieran su casa en un incendio o si ganaran veinte millones en la lotería. Cuanto más se esfuercen por ponerse en el lugar de otras personas, mayor será su empatía.

Profesores: Cuando surja una oportunidad en la escuela o en el mundo exterior, di a tus alumnos que se pongan en el lugar de esa persona y expliquen cómo se sentirían.

~~~~~~~~~~~~~~~~~~~~~~~~~~~~~~~~~~~~~

Discúlpate

«Cuando hacía algo mal mi padre me obligaba a pedir perdón. Era la parte más difícil, no porque no lo sintiera, sino porque pronunciar esas palabras era como anunciar en público que era un inútil, y me sentía fatal.»

Por lo general a los hombres nos cuesta disculparnos mucho más que a las mujeres, probablemente porque se supone que no debemos equivocarnos. Somos la versión moderna del caballero andante que no puede perder su honor, y pedir perdón equivale a reconocer que no somos como debemos ser.

Aunque te parezca raro, si tu hijo tiene este problema puedes ayudarle a superarlo disculpándote siempre que puedas. Pídele disculpas por llegar tarde a casa, por no tener mucho tiempo para estar con él, por ser un poco brusco algunas veces o por no prestarle la atención que necesita. El mensaje doble que enviamos con cualquier disculpa es que todos somos humanos y cometemos errores, y que nuestros hijos nos importan tanto que queremos que sepan cuánto sentimos haberles defraudado.

~~~~~~~~~~~~~~~~~~~~~~~~~~~~~~~~~~~~~

Padres: No debemos subestimar el poderoso efecto de las disculpas. Los psicólogos afirman que una buena disculpa tiene tres partes: (1) Una expresión sincera de arrepentimiento: Siento haber llegado tarde a tu recital; (2) una explicación de nuestro comportamiento: Se me olvidó por completo; (3) una oferta para compensar el error: ¿Qué tal si vamos a comer un helado cuando acabes?

Profesores: Pide a tus alumnos que recuerden alguna situación en la que no recibieron la disculpa que esperaban, y que pongan por escrito lo que les gustaría que hubiese ocurrido. Habla del poder de las disculpas para cicatrizar viejas heridas.

Llena tu vida de amor

«Cuando era pequeño mi padre solía contarme cuentos a la hora de ir a la cama. Se inventaba personajes que vivían en un lugar donde todos se querían, aunque a veces tuvieran problemas.»

El amor es esencial en nuestras vidas. Define la relación con nuestros hijos. Hace que nos sintamos felices. Nos da fuerza y valor para hacer las cosas bien, y es lo que consideramos más importante para nuestros hijos. ¿Entonces por qué hablamos tan poco de él? Suponemos que se sobreentiende, pero por lo general se convierte en uno de esos temas misteriosos que nunca sale a la luz del día. Esto ocurre en parte porque es un sentimiento muy poderoso, y porque muchos de los que no crecimos con los beneficios que queremos transmitir a nuestros hijos no dominamos su lenguaje.

Sin embargo, todos podemos poner más amor en nuestras vidas. Comienza a practicarlo. Celebra el amor que sientes hablando de él, enviando notas, llevando a casa un regalo sin ninguna razón especial. Predica el amor y comparte con tu hijo la maravillosa experiencia de vivirlo a diario.

~~~~~~~~~~~~~~~~~~~~~~~~~~~~~~~~~~~~~~

Padres: Además de decirles a tus hijos cuánto les quieres, diles por qué quieres a tus amigos y a tu pareja. Invita a tus amigos a compartir sus historias de amor con tu familia.

Profesores: Pide a tus alumnos que hagan una redacción sobre alguien a quien amen. Ayúdales a comprender la importancia que tiene el amor en sus vidas.

~~~~~~~~~~~~~~~~~~~~~~~~~~~~~~~~~~~~~~

Sigue insistiendo aunque resulte difícil

«A mis padres les encanta contar a mis hijos que durante tres años apenas abrí la boca. Y es cierto. Durante un tiempo me encerré en mí mismo y me comporté como un idiota, pero mis padres siguieron hablándome como si no ocurriera nada.»

Crecer es difícil, y a veces nuestros hijos responden encerrándose en sí mismos y adoptando una actitud cínica y arisca para erigir un muro de defensa a su alrededor. Es aterrador ver cómo un niño dulce y cariñoso se convierte de pronto en un monstruo, pero no debería sorprendernos. ¿Cómo se supone que debe hacer frente a unas expectativas sociales que son inalcanzables, definir su identidad cuando nadie le dice cómo, controlar sus emociones sin la experiencia y los recursos necesarios y tener contentos a sus padres, sus profesores y sus amigos? Es comprensible que se aleje del mundo durante un tiempo.

Lo que debemos hacer en esos momentos es capear el temporal con ellos. Deja que tenga su refugio, pero sigue recordándole que estás ahí, dispuesto a ayudarle. Intenta averiguar lo que le ocurre (ya sé que es difícil cuando no hay comunicación, pero si prestas un poco de atención te sorprenderá lo que puedes descubrir) y entra en su territorio sin amenazas y con la mayor sutileza posible.

En estos casos la comunicación debe ir en ambas direcciones. Por ejemplo, si te parece que está preocupado porque no encaja en su clase, un día puedes decirle: «Hoy me he encontrado con un amigo al que no veía desde el instituto. Él y yo éramos los "raros" del grupo. No sabes lo duro que fue».

Naturalmente, lo que le cuentes dependerá de lo que te diga tu instinto en cada situación, pero lo más importante es que hables de ti. No le incluyas en tu historia. Si estás a su lado y le das oportunidades para que hable, cuando esté preparado para decir algo lo hará.

Padres: El silencio es difícil de soportar, pero en esos casos es cuando más nos necesitan nuestros hijos.

Profesores: Cuando un niño de tu clase se encierre en sí mismo, reconoce su presencia aunque no responda. Tiéndele la mano con una nota, un gesto o una palabra amable. Es muy probable que lo que le ocurra no tenga nada que ver contigo.

Capítulo 4

~~~~~

Ayúdale a navegar
por el mundo
de las emociones

Los chicos no lloran. Ésa es la consigna con la que hemos educado a los niños durante siglos. Y al reprimir sus lágrimas les aislamos a una edad temprana del mundo de las emociones. Los chicos no lloran, pero se convierten en hombres incapaces de comprenden su mundo emocional. Y eso es incluso más grave que perder la vista o el oído, porque sólo nuestros sentimientos nos permiten descubrir nuestra verdadera identidad.

Cuando educamos a nuestros hijos sin acceso a sus emociones les negamos también el acceso al conocimiento. En el intrincado y confuso camino de la vida, la capacidad de saber es uno de los dones más valiosos que tenemos. Pero en vez de cultivarlo y enseñar a nuestros hijos a usarlo dejamos que se marchite y pase a un segundo plano.

Sin acceso a este extraordinario recurso nuestros hijos crecen como carpinteros sin sierra, intentando encajar las piezas de su vida sin saber cómo deben calibrar y dar forma a los materiales que les ofrecen. Se adaptan al diseño de otros, y en consecuencia acaban construyendo una vida que no refleja lo que en realidad son.

Demuéstrale tu amor de modo que pueda recibirlo

«Mi padre tenía un don especial para saber exactamente cuándo necesitaba su apoyo. La mayor parte del tiempo estaba ausente, pero siempre aparecía y me daba lo que necesitaba en el momento oportuno.»

Amar a nuestros hijos es fácil; comunicar ese amor es más difícil; y hacerlo de forma regular, mucho más difícil aún. El problema radica en parte en que suponemos que de algún modo los niños deberían «saberlo». Pero no lo saben, y sobre todo en el caso de los chicos, el modo en que pueden recibir ese amor cambia con el tiempo. Cuando son pequeños y aún no están sometidos a las influencias culturales, las palabras suelen ser suficientes. Pero cuando crecen y se enfrentan a las confusas expectativas sociales necesitan algo más que palabras; necesitan que hagamos algo que exprese nuestro amor. Por ejemplo que hablemos con ellos sin hacerles reproches, con el corazón abierto; que busquemos un rato libre para estar con ellos; o que compartamos algo especial sólo con ellos.

La fórmula más adecuada cambiará con el tiempo, y debemos adaptarnos a las circunstancias. Tenemos la responsabilidad de recordarles de forma regular que nos importan y que nunca vamos a dejar de comunicarles nuestro amor. Ambos mensajes son cruciales, porque nuestros hijos necesitan todo el amor que podamos darles para que se conviertan en hombres equilibrados emocionalmente. No debemos olvidar que la sociedad presiona de manera continua a los chicos para que se alejen de sus emociones. Los padres que transmiten a sus hijos la capacidad y la importancia de mantener esa conexión son los mejores ejemplos que pueden tener.

Padres: Una de tus principales prioridades debe ser comunicar a tu hijo tu amor de la manera más adecuada en cada momento.

Profesores: Pide a tus alumnos que expliquen en un diario cómo saben que alguien les ama. ¿Cómo expresan ellos su amor? Analiza las distintas maneras de expresar el amor.

Pregunta

«Una amiga mía se ofreció a cortarme el pelo un día, y mientras estaba sentado en el porche y ella me pasaba las manos por el pelo se me empezaron a caer las lágrimas. En ese instante recordé que mi padre solía hacer lo mismo cuando yo era pequeño y que me encantaba. Cuando crecí dejó de hacerlo, pero nunca me había dado cuenta de que lo echase tanto de menos.»

Comunicar nuestro amor de forma que nuestros hijos puedan recibirlo no siempre es fácil, porque muchas veces no sabemos lo que quieren y a ellos no se les ocurre decirlo. Las muestras de amor pueden ser tan variadas como podamos imaginar: un abrazo, un regalo especial, una nota de agradecimiento. También puede ser un elogio, pero sólo en determinados momentos; o pasar un rato con ellos sin hacer nada, compartiendo ideas y sentimientos, leyendo juntos o simplemente dando un paseo.

Puesto que las posibilidades son infinitas, es mejor que preguntes hasta que obtengas una respuesta. Y después sigue preguntando a medida que crezcan, porque, como te ocurre a ti, sus necesidades también cambian. Pon en práctica lo que vayas descubriendo, pero sin excederte. Las muestras de amor deben ser frecuentes, pero no rutinarias, para que cada momento sea mágico y especial.

Padres: Intenta descubrir qué cosas hacen que tu hijo se sienta amado. Pregúntale: «¿Qué puedo hacer para que sepas que te quiero?». Si le cuesta responder profundiza aún más: «¿Has sentido alguna vez cuánto te quiero?» o «¿Recuerdas algún momento en el que te hayas sentido seguro y todo fuera como debía ser?».

Profesores: Pide a tus alumnos que escriban una carta a un adulto especial y terminen con esta frase: «Sé que me quieres cuando...». Es muy probable que a ambos les sorprendan las respuestas.

Haz cosas con él

«Cuando era pequeño mi padre pasaba mucho tiempo conmigo construyendo cosas y jugando al fútbol, pero en algún momento desapareció. No sé por qué, y tardé mucho en darme cuenta de que echaba de menos que hiciéramos cosas juntos, pero para cuando llegué a la adolescencia vivíamos ya en mundos diferentes.»

Hay un antiguo refrán que dice: «Las mujeres son, los hombres hacen». Como la mayoría de los tópicos sexistas, en cierto sentido es verdad. Mucho más que con nuestras hijas, con quienes podemos hablar de sentimientos, si queremos mantener una relación emocional fluida con nuestros hijos tenemos que *hacer* cosas con ellos de forma regular.

Normalmente los chicos refuerzan sus vínculos emocionales a través de actividades. No está claro si se debe a una predisposición genética o a un comportamiento adquirido, pero las consecuencias son evidentes: Los chicos conectan entre sí con más facilidad haciendo cosas juntos.

Y somos nosotros quienes debemos tomar la iniciativa, porque debido a una serie de estereotipos aún vigentes, los chicos están menos dispuestos a expresar lo que sienten que a actuar cuando no participamos en su vida. Puede parecer una tontería, pero la resistencia a hablar de los sentimientos y la presión cultural que les obliga a ser «fuertes» pueden crear una distancia entre ellos y nosotros insalvable. Con el ajetreo de la vida diaria quizá te resulte difícil, pero debes encontrar la manera de hacer algo con tus hijos todos los días; al fin y al cabo son lo más importante. Recuerda que lo que cuenta no son nuestras intenciones, sino lo que hagamos con ellos.

Padres: Busca cosas que puedas hacer con tu hijo aparte de ir a sus partidos (aunque también eso está bien). Aprovecha cualquier oportunidad para relacionarte con él de una manera activa.

Profesores: Debido a la presión de los programas académicos, los alumnos pasan la mayor parte del tiempo escuchando y respondiendo y apenas participan en las clases. Intenta compensar este desequilibrio y cuando sea posible céntrate en ellos para que puedan recibir y aceptar tu apoyo.

El lenguaje de las emociones

«Antes me irritaba que mi mujer me preguntara
cómo me sentía porque la mayoría de las veces no lo sabía,

y aunque lo supiera jamás encontraba las palabras
adecuadas para expresarlo.»

En nuestro idioma hay infinidad de palabras para expresar emociones, pero si pides a la gente que haga una lista a la mayoría no se le ocurrirá más de media docena: enfadado, triste, decepcionado, frustrado, feliz, alegre y para de contar. Revisa la lista parcial que se incluye a continuación, piensa en las veces que te has sentido así y luego comienza a ampliar tu vocabulario emocional.

Seguro, relajado, satisfecho, indeseable, apático, confiado, optimista, amado, insultado, resentido, ignorado, excitado, enérgico, unido, vacío, atrapado, obligado, divertido, afortunado, eficaz, fracasado, enfurecido, idiota, poderoso, animado, tranquilo, desconcertado, resignado, aterrorizado, especial, maravilloso, arrepentido, intolerante, ingenuo, respetado, fantástico, contento, indeciso, horrible, odiado, ansioso, excelente, comprometido, indiferente, estúpido, invisible, tremendo, conmovido, solo, fatal, perdido, perdonado, audaz, malhumorado, culpable, entusiasmado, enriquecido, comprensivo.

Padres: Siéntate con tus hijos después de cenar y haced una lista de palabras que describan sentimientos. Pon la lista en la pared e id ampliándola a medida que se os ocurran nuevas palabras.

Profesores: Elige una o dos palabras de la lista, habla de su significado y, después de un rato de reflexión, pide a tus alumnos que comenten cuándo se han sentido de ese modo.

Respeta sus sentimientos

*«Uno de los recuerdos más dolorosos de mi niñez
son los momentos en que intentaba explicar a mis padres
cómo me sentía y ellos me respondían:
"No deberías sentirte así".»*

Parece fácil, pero no lo es, porque sus sentimientos son exactamente eso: sentimientos. Son genuinos, y un auténtico regalo cuando se comparten. Pero a veces nos cuesta escucharlos sin ponernos a la defensiva, y por eso tenemos que resistir la tentación de utilizar todos los trucos que hemos desarrollado con el tiempo para negarlos y esquivarlos.

Por ejemplo, si tu hijo te dice «No me quieres» lo normal es que te parezca absurdo y respondas de forma automática: «No digas eso», «Claro que te quiero» o «Qué tontería». Pero cada una de esas respuestas transmite en diferente grado el mismo mensaje: «Tus sentimientos son ridículos o erróneos». En ese momento los que nos equivocamos somos nosotros al ignorar lo que sienten e intentar defendernos. Y de ese modo les decimos también que no queremos saber nada de sus sentimientos.

Los sentimientos nunca son erróneos. Pueden surgir como consecuencia de un malentendido o de un fallo de comunicación, y a veces pueden estar fuera de lugar, pero siempre son auténticos. Además de respetarlos debemos sentirnos agradecidos por saber que a través de ellos nuestros hijos siempre dirán la verdad.

Padres: Si queremos que nuestros hijos aprendan a expresar sus emociones tenemos que aprovechar todas las oportunidades que surjan. Cuando tu hijo intente decirte algo con palabras o a través de su comportamiento, déjalo todo, abre tu corazón, ponte en su lugar e intenta respetar lo que siente. Recuerda que es un momento especial.

Profesores: Cuando tus alumnos expresen sus emociones, profundiza en ellas en vez de ignorarlas o defenderte. Si un niño expresa confusión o aburrimiento, pregúntale: «¿Qué pasa por tu cabeza cuando estás aburrido?» o «¿En qué momento has comenzado a sentirte confuso?».

Responde primero a sus sentimientos

«Tardé casi treinta años en darme cuenta de que tenía la mala costumbre de ignorar los sentimientos de los demás y centrarme en lo que yo consideraba más importante. Sé que es patético, pero nunca se me ocurrió que los sentimientos fueran lo más importante.»

En primer lugar respeta sus sentimientos y después responde inmediatamente. Conseguir que nuestros hijos expresen sus sentimientos no es fácil, y lo menos que podemos hacer en esos casos es responder de forma inmediata y con una actitud comprensiva. Sin embargo, muchos adultos actúan con torpeza, y las consecuencias pueden ser desastrosas. La mayoría de las veces, cuando los niños reúnen el valor para expresar lo que sienten es porque sus emociones son tan intensas que tienen que salir a la superficie. En muchos casos no las expresan bien ni son lo que queremos oír. Pero debemos ir más allá de las acusaciones o las palabras hostiles, buscar el origen del problema y replantear sus sentimientos les guste o no.

Cuando tu hijo te diga: «Nunca me escuchas», lo que en realidad te está diciendo es: «No escuchas lo que intento decirte, y eso me duele». Lo primero que debes tener en cuenta es lo que siente: su dolor. Responde a su sentimiento antes de ocuparte del problema que haya podido provocarlo.

Padres: Responde a los sentimientos de tu hijo e intenta comprenderlos antes de darle una respuesta. Por ejemplo, podrías decirle algo así: «Veo que estás dolido y lo siento mucho. Lo último que pretendía era hacerte daño. Ya sé que crees que no te escucho, y te aseguro que quiero comprender lo que estás diciendo, pero es evidente que no lo consigo. ¿Qué podemos hacer para arreglarlo?».

Profesores: Los problemas de comportamiento suelen estar provocados por sentimientos muy profundos. Pregunta a los alumnos que se porten mal qué les impulsa a actuar de ese modo. Respeta sus sentimientos y tenlos en cuenta en vez de precipitarte con los castigos.

Enséñale a ser responsable de sus sentimientos

«Antes pensaba que las emociones eran algo que la gente imponía a los demás. Mis padres siempre me decían: "Me vas a volver loco" o "Me estás decepcionando".»

Manejamos tan mal el lenguaje de las emociones que incluso cuando utilizamos las palabras adecuadas enseguida dejamos el sentimiento a un lado para echar la culpa a la persona que lo ha provocado: «Has herido mis sentimientos». Al fin y al cabo, si me siento herido es porque alguien ha hecho que me sienta así. Pero al llegar a esa conclusión nos olvidamos de lo más importante. En primer lugar, es muy probable que esa persona no haya tenido la intención de herirte. Puede que haya hecho o dicho algo sin pensar en las consecuencias, aunque supiera que podría herirte. O puede que haya hecho o dicho algo sin tener ni idea de que podría herirte. En cualquier caso, es muy poco probable que haya intentado hacerte daño a propósito.

En segundo lugar, aunque parezca extraño, nadie puede «hacer» que sientas nada. El responsable de tu respuesta emocional eres tú: lo que irrita a una persona puede avergonzar o incluso agradar a otra. Uno de los principales aspectos de la inteligencia emocional es asumir la responsabilidad de los sentimientos. Ayuda a tu hijo a distinguir lo que siente de lo que en realidad ha ocurrido.

Padres: Evita las frases que comiencen con «Haces que me sienta...» o cualquier otra variación. Ayuda a tu hijo a llegar al fondo de un intercambio emocional explicando con calma el efecto que ha provocado la otra persona —«Cuando te has reído de lo que he dicho me he sentido incomprendido»— y permitiendo que se explique o se disculpe.

Profesores: Para resolver un conflicto de manera eficaz cada persona debería asumir lo que siente. A veces antes de hablar resulta útil escribir o dibujar para averiguar de qué parte del conflicto es responsable cada uno.

Tiempo de reflexión

«Nuestra parroquia organizaba todos los años un retiro
para adolescentes, y mis padres me obligaban a ir.
Yo siempre me resistía porque me parecía una cursilada,
pero ahora reconozco que la experiencia merecía la pena.
Era una de las pocas veces en que tenía la oportunidad
de estar a solas con mis pensamientos.»

Uno de los mitos que aún prevalece respecto a los niños, y sobre todo los adolescentes, es que pasan demasiado tiempo solos. Se encierran en su habitación durante horas, y sólo salen para comer y volver enseguida a su santuario. Pero no debemos confundir el tiempo privado con el tiempo de reflexión. Ambos son necesarios, pero este último es mucho más difícil de conseguir. La mayor parte de las veces, cuando nuestros hijos se encierran en su habitación están ocupados escuchando música, usando el ordenador, hablando por teléfono con sus amigos, leyendo, dibujando o haciendo cualquier otra cosa. Comprender la importancia del tiempo de reflexión puede ser un reto, pero merece la pena.

Para estar a solas de verdad debemos buscar un lugar en el que no haya distracciones. Si reducimos los estímulos externos todo lo posible podremos acceder a la parte más profunda de nosotros mismos. Los anhelos de nuestro corazón serán más evidentes y, después de un periodo inicial de confusión, comenzaremos a ver nuestros sentimientos y pensamientos con más claridad.

Los retiros organizados pueden ser muy beneficiosos. Cuando llevaba a mi hijo de acampada solíamos pasar varias horas al día disfrutando en silencio de la naturaleza. Hay muchas asociaciones que organizan campamentos de este tipo.

En casa resulta difícil buscar tiempo para la reflexión, pero también se puede hacer si se planifica bien.

~~~~~~~~~~~~~~~~~~~~~~~~~~~~~~~~~~~

Padres: Aunque tu hijo se resista, dale la oportunidad de estar a solas consigo mismo de vez en cuando. Todos necesitamos alejarnos de las distracciones de la vida diaria cada cierto tiempo para redescubrir quiénes somos, y para nuestros hijos puede ser una experiencia muy provechosa.

Profesores: En clase los momentos de reflexión pueden mejorar el rendimiento de los alumnos a largo plazo. Dales quince minutos diarios para que «se relajen» y observa si aumenta su capacidad de concentración.

~~~~~~~~~~~~~~~~~~~~~~~~~~~~~~~~~~~

Deja que se exprese a su manera

«Cuando era pequeño solía balancearme de un lado a otro cuando estaba contento. Mi madre siempre me decía que parase, pero a mi abuelo le encantaba porque según él de esa manera sabía que era feliz.»

Vivimos en un mundo en el que se valoran las palabras, sobre todo las que se expresan con calma y de manera racional. Habría mucho que decir al respecto, pero si intentamos canalizar la energía de nuestros hijos únicamente en esa dirección podemos eliminar otras formas de comunicación. Cuando tu hijo se acerque a ti corriendo y hablando a cien por hora, agitando las manos o arrastrando los pies, resiste la tentación de decirle que se pare y averigua qué le sucede.

Deja lo que estés haciendo y observa cómo expresa sus sentimientos. En muchos casos, sobre todo cuando los chicos atraviesan una fase de incomunicación, ésta es la única evidencia que tenemos de lo que pasa por su interior. Aprende a interpretar las pistas que puedan revelar los sentimientos que quizá no sepa expresar de otro modo. Celebra su expresividad, porque te ayudará a comprenderle mejor y gracias a ella podrá aprender a manifestar lo que siente.

Padres: Ratifica lo que sepas que siente tu hijo con palabras y acciones. Si ves que está triste dale un abrazo; y si está radiante de alegría dile: «Me encanta verte así de contento». Refuerza y celebra sus sentimientos y acto seguido averigua qué le ocurre.

Profesores: Explica a tus alumos las claves del lenguaje corporal. Comienza con gestos aceptados socialmente, como el hecho de mover los brazos o encogerse de hombros. Después diles que piensen en sus amigos y en sus padres y que hablen de los gestos que utilizan para expresar cómo se sienten. Por ejemplo: «Mi hermano se apoya sólo en un pie cuando está nervioso».

Utiliza los deportes para conectar con sus sentimientos

«Cuando mejor me lo pasaba con mi padre era viendo deportes. Los dos nos emocionábamos, nos reíamos y hablábamos de los penaltis y de cuál era la mejor estrategia. Durante los partidos había una energía especial, que desaparecía en cuanto terminaban.»

No hace falta ser un experto para saber que a la mayoría de los chicos les vuelven locos los deportes. Lo que no está tan claro es por qué. ¿Es innata nuestra necesidad de competir? ¿Se trata de un medio de adaptación social para conservar nuestra herencia de cazadores-recolectores o de una necesidad instintiva de jugar? Probablemente hay un poco de todo, pero yo creo que a los chicos les apasiona el deporte porque es un terreno seguro en el que pueden expresar sus sentimientos con total libertad. Cuando ves un partido puedes amar a tu equipo, animarle apasionadamente, estar disgustado si pierde, sentirte triste si un jugador tiene que retirarse por una lesión y brincar de alegría por una victoria o una buena jugada.

En el ámbito deportivo *se espera* que los niños manifiesten sus emociones, griten con todas sus fuerzas y abracen a sus amigos. En una cultura que obliga a los hombres a reprimir sus sentimientos, los deportes son la única vía a través de la cual pueden expresar lo que sienten. El hecho de que haya una gran cantidad de aficionados es una clara señal de que necesitamos desesperadamente otras vías de expresión. Sin embargo, puesto que el deporte es una vía, potencia la afición de tu hijo y ayúdale a trasladar esa experiencia a otras facetas de su vida.

Padres: Ayuda a tus hijos a expresar lo que sienten por los deportes y a desarrollarlo en otras situaciones. Por ejemplo, puedes preguntarles: «¿Te imaginas lo duro que debe ser trabajar tanto para conseguir algo y tener que dejarlo por una lesión?» o «¿Cuándo has estado tan contento por algo en tu vida?».

Profesores: Dedica un tiempo en clase a charlar acerca de importantes acontecimientos deportivos. Pide a tus alumnos que se pongan en el lugar de los jugadores en momentos cruciales, a fin de que experimenten por sí mismos los sentimientos de éstos.

Más allá de la ira

«Al llegar a la adolescencia estuve casi dos años enfadado todo el tiempo. Era como un pozo en el que me hundía cada vez más. Estaba enfadado con todo y con todos, y como es lógico los demás —y sobre todo mis padres— acabaron hartos de mí.»

La ira es una de las pocas emociones que permitimos a nuestros hijos. Incluso la consideramos una característica masculina inevitable. Pero la ira no se lleva en la sangre. Es simplemente el último recurso que tenemos cuando nos prohíben el resto de las emociones. Cuando a los niños se les impide expresar todo el abanico de emociones, la tristeza, la decepción, la inseguridad y la confusión se convierten en una ira incontenible. Es una consecuencia lógica si no damos a nuestros hijos la oportunidad de experimentar y controlar todos sus sentimientos. Y en última instancia es la raíz de toda la furia y la violencia que asola nuestra sociedad.

La ira es la señal de alarma que puede alertarnos si nuestros hijos comienzan a alejarse del resto de sus sentimientos. Cuando surge la ira tenemos que ir más allá del filo de esa emoción y descubrir qué hay detrás de ella. No siempre es fácil, puesto que suele deteriorar la comunicación, pero lo que debemos hacer precisamente es cruzar ese abismo, porque al otro lado hay emociones más profundas que deben salir a la superficie.

Padres: Cuando tu hijo esté enfadado no le reprendas, aunque su ira te haga daño y sea injustificada. Busca la manera de suavizar la ira para comenzar a tirar del hilo y descubrir su origen. Puede que tardes algún tiempo, y necesitarás mucha paciencia, pero merece la pena que lo intentes.

Profesores: En clase los arrebatos de ira son inaceptables. Haz lo que sea necesario para controlar la situación, pero sé comprensivo fuera de clase. Los arrebatos de ira en público suelen ir acompañados de un sentimiento de culpa o de vergüenza. Si le haces saber a ese alumno que estás más preocupado que molesto le darás la oportunidad de que te cuente lo que le ocurre realmente.

~~~~~~

Juega con los sentimientos

«Mis padres me restringían muchísimo las horas de televisión. Entonces me daba mucha rabia, pero tengo que reconocer que gran parte de la creatividad que utilizo ahora en mi trabajo —soy director artístico— procede de las horas que pasaba soñando y dibujando.»

Los niños juegan; afortunadamente, porque de lo contrario no haríamos nada. Y a través de los juegos practican todo tipo de capacidades emocionales, sociales e intelectuales. Hace tiempo que sabemos que el juego prepara a los niños para las diferentes etapas de su vida, pero hemos tardado mucho en poner en marcha este maravilloso laboratorio. En cierto sentido permitimos que nuestros hijos decidan cómo y cuándo quieren jugar, y en parte está bien, porque de ese modo desarrollan su creatividad. Pero tenemos que comenzar a prestar atención a sus juegos y participar en ellos de una manera activa.

Esta delicada tarea se deja cada vez con más frecuencia en manos de la televisión. Los niños sienten una atracción especial por las imágenes impactantes, ya sean de Star Treck o de los Power Rangers, que a veces influyen en sus juegos de forma negativa.

Uno de los aspectos educativos que hemos ignorado casi por completo es la posibilidad de jugar con las emociones. Si queremos que nuestros hijos aprendan a reconocer y controlar sus emociones podemos ayudarles a hacer prácticas a través del juego. Hay al menos dos componentes de la inteligencia emocional que los niños pueden aprender jugando. El primero consiste en identificar el sentimiento: estoy furioso; estoy frustrado; estoy emocionado. Y el segundo en decidir qué se puede hacer al respecto: me voy a casa; voy a decirte cómo me siento; voy a dar un paseo.

Padres: Juega con tu hijo a plantear preguntas para que el otro explique qué haría en cada caso: «¿Cómo te sentirías si al volver a casa vieses que tu hermana te ha roto el camión de bomberos? ¿Qué harías?» «¿Cómo te sentirías si tu mejor amigo te dijera que se va a vivir a otro sitio? ¿Qué harías?».

Profesores: Pide a tus alumnos que piensen en situaciones relacionadas con la escuela en las que las emociones sean muy intensas y haya que tomar una decisión. Escoge varias ideas para que planteen opciones en grupos pequeños. Observa cuántos sentimientos y acciones diferentes pueden derivarse de una situación.

Controla las rabietas de un modo eficaz

«Cuando era más pequeño tenía un genio terrible,
que no sé de dónde me salía. Enseguida perdía el control.
Una vez incluso hice un agujero en la pared de
la sala de estar.»

Cuando los niños cogen una rabieta solemos echarnos encima de ellos casi de forma automática, pero esa actitud es inaceptable. Reaccionamos así en parte porque nos asusta que puedan convertirse de repente en monstruos, y en parte por miedo a que no aprendan a controlar esos arrebatos.

En esos momentos debemos hacer todo lo posible para controlar la situación y para demostrarles que hay maneras más eficaces de expresar la ira. Pero al mismo tiempo tenemos que ser conscientes de que esas rabietas son un estallido de emociones que han estado conteniendo. Si nos limitamos a reprenderles sin tener en cuenta la causa del arrebato y sin ayudarles a expresar sus emociones negativas de una forma constructiva, el mensaje que les enviamos refuerza aún más el ciclo de represión emocional y arrebatos inevitables.

Las rabietas indican que nuestros hijos han entrado en esa zona peligrosa en la que su capacidad para comprender y controlar las emociones intensas que van unidas a su proceso de desarrollo no funciona como debería. En esos casos tenemos que intervenir inmediatamente con una actitud comprensiva. Tenemos que darnos cuenta de que esos arrebatos son en realidad gritos de ayuda y tenemos que estar ahí para proporcionarles la ayuda que necesitan. Tenemos que enseñarles a expresar sus sentimientos de una forma segura y detectar sus emociones antes de que estallen.

Padres: Cuando tu hijo coja una rabieta, intenta tranquilizarle, espera un poco a que se calme y luego céntrate en lo que le ha impulsado a actuar así. Recuerda que no es un mal chico, pero está asustado y no sabe qué hacer con los sentimientos que le invaden.

Profesores: Ayuda a tus alumnos a identificar sus sentimientos dándoles un rato de descanso cada hora. Diles que escriban o dibujen cómo se sienten. Y al final del día pídeles que hablen de lo que han sentido y cómo les ha afectado.

Errores ajenos

«Quiero mucho a mi hermano mayor, entre otras cosas porque me fue preparando el camino durante los años más difíciles. Vi cómo cometía errores y se equivocaba, y eso me ayudó a darme cuenta de muchas cosas.»

A la mayoría nos cuesta aprender a asumir la responsabilidad de nuestros errores. En muchos casos no estamos dispuestos a reconocer que nos hemos equivocado, aunque hayamos hecho daño a otra persona, porque lo consideramos un signo de debilidad.

A los niños, que están sometidos a una presión implacable para que sean buenos, fuertes y excepcionales, asumir la responsabilidad de sus errores les resulta muy difícil. Y cuando lo hacen se sienten tan avergonzados que no prestan atención a los mensajes más sutiles que les permitirían navegar mejor por este territorio.

Cuando no son ellos los que se meten en líos resulta más fácil ayudarles a escuchar y comprender. A los niños les encanta que les hablemos de los errores que cometíamos nosotros cuando éramos pequeños, porque de ese modo se dan cuenta de que no tienen que ser perfectos. Así pues, utiliza tus errores y los de sus hermanos para aliviar un poco la presión y para explicarles qué podrías haber hecho para controlar mejor la situación.

Padres: Cualquier error es una oportunidad de aprendizaje para nuestros hijos, sobre todo cuando los errores los cometemos nosotros u otras personas. Aprovecha todas las oportunidades que surjan.

Profesores: Habla a tus alumnos de gente famosa que «se equivocara» antes de triunfar, como Thomas Edison (le expulsaron del colegio). Pensad juntos qué pudo aprender cada uno de sus errores para continuar y alcanzar el éxito.

Sus emociones no siempre tienen que ver contigo

«Cada vez que expresaba lo que sentía, mi madre se lo tomaba como un insulto personal. Al final me di cuenta de que era más fácil contenerme que sentirme culpable por hacer que ella se sintiera tan desgraciada.»

«¿Cómo has podido hacerme esto a mí?» ¿Cuántas veces has oído esta frase? ¿Cuántas veces se la has dicho a tus hijos? Si eres como la mayoría de la gente, más de las que quisieras reconocer. Todos adoptamos algunas veces una actitud egocéntrica y pensamos que todo tiene que ver con nosotros, pero esta actitud es muy peligrosa, sobre todo cuando tratamos con niños que tienen problemas para comprender y expresar sus sentimientos. Cuando nuestros hijos se equivocan o pierden el control tenemos que averiguar qué les ha impulsado a actuar de ese modo.

Si nos centramos en nuestra decepción o en nuestra ira, además de abandonarles justo en el momento en que más nos necesitan, les transmitimos el peligroso mensaje de que sus arrebatos y sus errores son la causa de nuestro dolor. Y al enviarles ese mensaje, queramos o no, les estamos diciendo que repriman sus emociones si no saben mantener el control.

Educar a los niños con inteligencia emocional significa ayudarles a navegar por el difícil mundo de las emociones. Y para orientarles debemos tener la madurez y la flexibilidad necesarias para controlar nuestra reacción. Aunque pretendan molestarnos, como suele ocurrir, si adoptamos el papel de víctimas lo único que haremos es reforzar su incapacidad para expresar la ira o la frustración. Lo que debemos hacer es enseñarles a buscar maneras más apropiadas para comunicarnos lo que sienten.

Padres: Si animamos a nuestros hijos a expresar sus sentimientos muchas veces lo harán mal. Nuestro trabajo consiste en aceptar lo que nos ofrezcan y ayudarles a replantear sus sentimientos de una forma adecuada. Si nos centramos en nuestra decepción y nuestro dolor no podremos hacerlo.

Profesores: También los profesores pueden tomarse los problemas de comportamiento de un modo personal. Si un alumno se porta mal, intenta descubrir qué le ha impulsado a actuar de ese modo.

Deja espacio para sus sentimientos

«Crecí en una casa en la que las emociones flotaban en el ambiente. Mis padres eran muy volubles, y mi hermana y yo descubrimos que el mejor modo de captar su atención era montar un drama.»

A pesar de lo que suele decir, la mayoría de la gente no sabe demostrar su cariño y su interés en el momento oportuno. Normalmente nos centramos en nuestros sentimientos, nos aferramos a ellos como a un salvavidas y no tenemos en cuenta lo que siente la otra persona. Por eso cuando hay algún desacuerdo acabamos metafóricamente en una esquina en posición fetal quejándonos de lo poco que le importamos a nuestra pareja.

Esa actitud deteriora en gran medida las relaciones, y en cualquier caso no tenemos ningún derecho a comportarnos de ese modo con nuestros hijos. En nuestra relación con ellos sus sentimientos son más importantes que los nuestros. Se supone que somos adultos y que debemos ayudarles a comprender y navegar por este difícil mundo. Y no podremos hacerlo si no centramos nuestra atención en el lugar adecuado. Muchas veces harán cosas que nos defraudarán y nos dolerán, y debemos decírselo, pero no hasta que hayamos analizado a fondo su experiencia emocional.

Cuando los niños se enfrentan a nuestra volubilidad pueden ocurrir dos cosas: o adoptan una actitud histérica para captar nuestra atención o reprimen sus reacciones emocionales porque no hay lugar para ellas; bastante tienen con evitar las nuestras. Estas respuestas pueden tener consecuencias muy graves, aunque la reacción de un niño histérico es más evidente. En cierta ocasión conocí a un adolescente que no le dijo a su madre que estaban abusando de él porque temía que se pusiera histérica.

Padres: En el mundo de las emociones los padres deben replantearse el viejo lema de que «El cliente siempre tiene razón». Los sentimientos de tu hijo son siempre más importantes que los tuyos. Ocúpate de ellos con una actitud comprensiva antes de decirle cómo te ha afectado su comportamiento.

Profesores: La enseñanza es una profesión cargada de emociones. Si necesitas ayuda busca un grupo de apoyo para mantener el equilibrio y ser capaz de atender las necesidades de tus alumnos.

Ayúdale a expresar su dolor

«Cuando tenía doce años murió mi abuela,
y estaba desolado porque para mí era como una tabla
de salvación. Nadie me dijo que no llorara, pero al ver
que todo el mundo intentaba ocultar su tristeza pensé
que eso era lo que debía hacer.»

Las emociones nos permiten conocer mejor nuestra verdadera identidad. Cuando eludimos esa experiencia, además de despreciar una información vital que puede enriquecer considerablemente nuestras vidas levantamos un muro alrededor de una parte de nuestro ser que nos impide comprender muchas cosas. Cuanto más lo hagamos, menos acceso tendremos a la información que necesitamos para vivir una vida plena. Si reprimimos nuestras emociones durante años nuestro paisaje interior se convertirá en un territorio desconocido lleno de obstáculos que nos impedirán tomar las decisiones adecuadas.

Cuanto más intensas son las emociones que reprimimos, más daño nos hacemos a nosotros mismos, y es difícil imaginar una emoción más poderosa que el dolor. Sin embargo, el poder de ese sentimiento suele dejarnos bloqueados. Sabemos de forma intuitiva que cuando se siente de verdad el dolor es habitual derramar lágrimas y perder el control. Si tenemos suerte acabamos descubriendo que el hecho de experimentar el dolor en toda su intensidad tiene efectos beneficiosos y nos ayuda a comprender y apreciar más la vida. Los niños no pueden aprender esta difícil lección por sí mismos, pero nuestra ayuda es uno de los mejores regalos que podemos ofrecerles.

Padres: Si tu hijo debe hacer frente a la muerte de un ser querido ayúdale a expresar su dolor. Abrázale, llora con él y dale tiempo para superar esta dolorosa experiencia sin dejar de recordarle que estás a su lado apoyándole. No sientas vergüenza al demostrarle que también tú estás sufriendo, pero asegúrate de que tiene todo el espacio que necesita para manifestar sus sentimientos.

Profesores: A veces el dolor cobra protagonismo en clase. Si un alumno sufre una pérdida deja que exprese sus sentimientos y anima a los demás a compartir experiencias similares.

Aprende su lenguaje corporal

«Mi madre sabía siempre cómo me sentía.
En cuanto entraba por la puerta me decía:
"Has tenido un mal día, ¿verdad?". Yo solía negarlo,
pero una vez que le pregunté por qué lo sabía me llevó
al parque y comenzó a señalar a la gente y a decirme
lo que podía deducir de su lenguaje corporal.
Me dejó realmente impresionado.»

Todos sabemos que mucha gente expresa sus sentimientos a través de su lenguaje corporal, pero no hablamos de ello ni aprovechamos las ventajas que ofrece. A veces al hablar con nuestros hijos de emociones nos encontramos con un muro impenetrable, pero si les enseñamos a interpretar los sentimientos que se expresan a través del lenguaje corporal conseguiremos implicarles en un juego muy beneficioso a largo plazo. El hecho de que una persona deje caer los hombros, ande arrastrando los pies, se incline hacia adelante para hablar o mueva los ojos, las manos y los brazos puede indicar cómo se siente.

Cuanto mejor conozcan los niños el lenguaje corporal, más acceso tendrán al mundo de las emociones. La información que obtengan les permitirá ser más considerados y comprensivos, y de esa manera podrán plantear cuestiones que de otro modo les costaría formular. Cuando utilicen esta técnica deben saber que sus suposiciones pueden no ser ciertas. No todo el mundo expresa sus sentimientos con su cuerpo, así que deben aprender también a confirmar sus impresiones; por ejemplo, una persona puede tener los brazos cruzados simplemente porque está cómoda, no porque tenga una actitud hostil.

Padres: Lleva a tus hijos a lugares públicos y enséñales a identificar las emociones que vean. Diles que expresen con palabras esas emociones o que se imaginen qué puede estar pasando. (Pero recuérdales que son conjeturas y que deben verificarlas si practican esta técnica con gente conocida.) También podéis hacerlo viendo la televisión, aunque os perderéis la trama de la película.

Profesores: Haz simulaciones sin palabras para que tus alumnos lean el lenguaje corporal de una persona y se imaginen qué está ocurriendo. Procura que se diviertan mientras aprenden esta importante técnica.

No es lo mismo sentir que actuar

«Yo era uno de esos niños que en cuanto sentía algo pasaba a la acción, y siempre estaba metido en líos.»

Uno de los factores principales de la inteligencia emocional es el control de los impulsos: pensar antes de actuar. Como en otros aspectos de esta capacidad, en éste los niños suelen tener más dificultades que las niñas, y en algunos casos acaban teniendo problemas con las drogas, el alcohol y la violencia.

Para controlar los impulsos hay que comprender la diferencia entre los sentimientos y las acciones. Que sintamos algo no significa que debamos hacerlo, y si queremos controlar nuestros impusos tenemos que ser conscientes de ello.

Ayuda a tu hijo a comprender que hay sentimientos que se escapan a nuestro control, que aparecen y desaparecen sin más, como la frustración, la tristeza, la ira, el dolor, la alegría... Se desencadenan por la confluencia del mundo exterior con nuestra historia personal, y por eso lo mismo que a ti te hace llorar no tiene en mí ningún efecto. Nuestras circunstancias son diferentes.

Dejarse llevar por los sentimientos —decir a alguien que estás furioso o montar en cólera, por ejemplo— es una opción. No *tienes* que hacerlo. A veces es mejor que no lo hagas. Debemos enseñar a nuestros hijos que el hecho de que sintamos algo no significa que tengamos que *hacer* nada al respecto. Lo mejor es identificar ese sentimiento y luego pensar si es una buena idea pasar a la acción.

〜〜〜〜〜〜〜〜〜〜〜〜〜〜〜〜〜〜〜〜

Padres: Todos sentimos algo en todo momento. Pon en práctica con tu hijo el proceso que la escritora Daphne Rose Kingma denomina «los cuatro puntos cardinales de los sentimientos». Pregúntale: «¿Qué te pone triste? ¿Cómo sabes que estás triste? ¿Qué te pone alegre? ¿Cómo sabes que estás alegre? ¿Qué hace que te enfades? ¿Qué sensaciones tienes cuando estás enfadado? ¿Qué hace que te entusiasmes? ¿Qué sensaciones tienes entonces?». Esto le ayudará a identificar sus emociones y a comprender que están siempre ahí.

Profesores: Ayuda a tus alumnos a aprender de sus errores. Diles que piensen en situaciones en las que se han dejado llevar por sus sentimientos y han actuado de forma impulsiva. ¿Qué consecuencias han tenido que afrontar? ¿Qué podrían hacer la próxima vez en las mismas circunstancias?

Enséñale a controlar sus sentimientos

«Nunca he sabido lo que debía hacer con lo que sentía. Por eso hago todo lo posible para no sentir nada.»

A la mayoría de nosotros nunca nos han enseñado a «controlar» los sentimientos. Este término no hace referencia al «control» tradicional, que implica negación y represión, sino al hecho de saber qué hacer con las emociones intensas. ¿Te echas a llorar? ¿Dejas que el sentimiento te invada? ¿Se lo dices a la otra persona? ¿Buscas ayuda? ¿Decides olvidarlo?

Aunque estas opciones (y muchas otras) son apropiadas en diferentes circunstancias, mucha gente ni siquiera es consciente de que tiene opciones. Lo primero que podemos hacer es decir a nuestros hijos que hay una gran variedad de respuestas adecuadas. He aquí algunas: Describe por escrito tus sentimientos, expresa lo que sientes con tu cuerpo, vete a una habitación y grita con todas tus fuerzas, sal a dar un paseo, llama a un amigo y dile que te escuche sin decir nada.

Si no les damos los recursos necesarios no podremos ayudarles a sentir todo el espectro de sus emociones.

Padres: Si quieres asimilar cualquier sentimiento haz un dibujo abstracto. Coge unos lápices y una hoja de papel y plasma en ella toda tu energía. También puedes intentarlo con tu hijo; dile que te muestre cómo se siente en ese papel. Da igual cómo quede el dibujo.

Profesores: Haz simulaciones de situaciones tensas en las que los niños elijan opciones positivas para controlar sus sentimientos. Ayúdales a practicar alternativas para expresar lo que sienten antes de que llegue el momento crucial.

Cultiva la perspicacia emocional

«Mi hijo adolescente tiene una gran habilidad para analizar su comportamiento; el otro día me dijo que creía tener un problema relacionado con las chicas. Supongo que lo ha heredado de mí. Siempre lo analizo todo.»

La perspicacia es otra de las dimensiones de la inteligencia emocional. La perspicacia es la capacidad para percibir la naturaleza de las cosas, que nos permite identificar las pautas de nuestras reacciones emocionales y, en consecuencia, hace que tengamos más opciones.

Por ejemplo, en vez de apartarte cada vez que ves un perro grande por la calle, si lo analizas como un hecho aislado puedes pensar: «Supongo que me dan miedo los perros grandes, porque me aparto cada vez que veo uno». Cuando tomes conciencia de ello su efecto será menor. La próxima vez que pases al lado de un perro puedes decirte a ti mismo: «Ahí va esa cosa que me da miedo». El hecho de reconocerlo suele aliviar la sensación de temor. Y con un poco de madurez puedes ir más allá, analizar por qué tienes miedo y averiguar qué otras opciones tienes.

La gente que carece de perspicacia emocional va por la vida como si todos los días fueran iguales, cometiendo los mismo errores una y otra vez sin darse cuenta, y por supuesto sin asumir su responsabilidad. Tenía una amiga que se había casado cuatro veces: dos con un alcohólico, una con un jugador y otra con un comedor compulsivo. Cuando le pregunté si veía alguna pauta en sus relaciones me miró desconcertada. Hasta que no fuera consciente de que le atraían los adictos seguiría cometiendo el mismo error.

La perspicacia nos permite aprender de nuestros errores emocionales y corregirlos. Ayuda a tu hijo a descifrar las pautas emocionales de su vida.

Padres: Primero observa si hay alguna pauta en alguna de las reacciones de tu hijo; imagina por ejemplo que le aterra hablar en público. Cuando surja de nuevo la ocasión pregúntale si ha notado antes ese problema. Ayúdale a reconocer la pauta y a buscar alternativas.

Profesores: Plantea un debate sobre el miedo y el valor para que tus alumnos comprendan que esas emociones suelen ir unidas. Diles que hablen de una situación en la que tuvieran miedo. ¿Por qué se asustaron? ¿Cómo encontraron el valor para resolver el problema? ¿Hablaron consigo mismos? ¿Hicieron algo? Ayúdales a reconocer la pauta que les permitió superar ese miedo.

Enséñale a controlar el estrés

*«Mi padre trabajó toda la vida como un animal
y se murió de un ataque al corazón a los cincuenta años.
¿Controlar el estrés? Se habría reído de ese concepto.»*

El control del estrés, otro de los componentes de la inteligencia emocional, exige tomar conciencia de los sentimientos y tener la disposición de actuar para controlarlos. No es de extrañar que históricamente los hombres hayan controlado tan mal el estrés y en cambio hayan optado por el alcohol, la agresividad y el trabajo. Muchos ni siquiera saben que sienten algo. La mayoría de los métodos que existen para controlar el estrés —como el yoga o la meditación— atraen sobre todo a las mujeres.

Si queremos que nuestros hijos desarrollen su inteligencia emocional tenemos que ayudarles a reconocer el estrés para que aprendan a controlarlo. Por ejemplo, podemos preguntarles cómo se sienten antes de una situación estresante: un examen o un partido importante.

Pero con una simple pregunta no llegarás muy lejos. Ayúdales también a identificar las sensaciones físicas que puedan indicar que están estresados —la mandíbula tensa, mariposas en el estómago, una sensación general de debilidad— para que comiencen a reconocer las señales de su cuerpo. Y enséñales algunas técnicas de relajación para las situaciones tensas.

Y no olvides controlar tú también el estrés. Recuerda que te están observando.

Padres: Esta sencilla técnica de relajación se puede utilizar en cualquier momento. Siéntate en un lugar cómodo, coge aire y tensa todos los músculos de tu cuerpo. Después expulsa el aire y deja que salga toda la tensión. Respira tres veces profundamente y concéntrate en el aire que entra y sale de tu cuerpo.

Profesores: ¿Quién dice que no puedes enseñar esta técnica a los niños? Tardarán en aprenderla cinco minutos como mucho.

Capítulo 5

Ayúdale a rechazar los estereotipos

Desear que nuestros hijos desarrollen su inteligencia emocional no es suficiente. Aunque cumplamos con la parte que nos corresponde, no somos la única influencia que hay en su vida. Nuestros hijos están creciendo en un mundo lleno de arquetipos sobre cómo deben ser los hombres que han pervivido durante siglos. Y estos patrones históricos les arrastran con una fuerza que ellos solos no pueden resistir.

Están presentes en nuestro lenguaje y en las historias que contamos. Surgen en clase, en el patio, en los vestuarios y en las actividades de los niños y los jóvenes. Impregnan las películas y los programas de televisión. Son ubicuos y absorbentes, y les rodean con imágenes anticuadas y peligrosas de lo que se espera de los hombres. Y poco a poco van creando una presión que les aleja cada vez más de sus sentimientos y les conduce al vacío unidimensional que constituye nuestro legado cultural.

Si tienen alguna oportunidad de resistir esa presión, debemos estar a su lado en todo momento para apoyarles, protegerles y ayudarles a encontrar la mejor manera de crecer y desarrollarse.

Implícate cuanto antes

*«Cuando mi hijo tenía tres años comenzó a identificar
todo lo que veía por su género. Un día que vinieron
a casa un grupo de amigos dijo de repente:
"Hay cuatro chicos y tres chicas". Incluso empezó
a asignar género a los perros y los gatos del barrio
siguiendo su propio criterio.»*

La etapa en la que los niños comienzan a darse cuenta de que
hay una diferencia entre los chicos y las chicas es muy bonita, y normalmente nos encanta que sean capaces de hacerlo.
Pero también es una oportunidad para que comencemos a
sentar las bases que les ayudarán a rechazar los estereotipos sexistas que caerán muy pronto sobre ellos. Es fácil perder esa
oportunidad, porque el proceso que se utiliza para asignar roles y atributos es imperceptible. No hay clases especiales en las
que los niños se sienten y repasen una lista de características
masculinas y femeninas. Pero nosotros como padres damos
ejemplo a nuestros hijos al asumir nuestros roles, y la televisión les bombardea con imagenes superficiales de cómo deben ser los hombres y las mujeres.

El resultado de todo esto es una poderosa ofensiva me-
diática que tiene lugar en un nivel casi inconsciente. Es aterrador ver cómo les lavan el cerebro a nuestros pequeños para
que adopten actitudes sexistas en contra de nuestra voluntad.

Así pues, cuando tus hijos comiencen a apreciar las diferencias entre los chicos y las chicas implícate en el tema inmediatamente. Háblales de la gran variedad de expresiones
humanas y diles que intenten desarrollar el mayor número de
características positivas; pueden ser duros y sensibles, objetivos
y considerados. No dejes de hablarles de los roles tradicionales que ha definido la sociedad; de todos modos les bombar-

dearán con esas imágenes, pero intenta darles tu opinión. Al fin y al cabo, ¿por qué no pueden centrarse las niñas en lo que quieran y ser los niños dulces y cariñosos?

Padres: Cuanto antes comiencen a participar tus hijos en este debate, mejor les irá. No dejes esta etapa crucial de su desarrollo en manos de la televisión.

Profesores: Analiza con tus alumnos cómo y por qué asigna los roles sexistas la sociedad. Este debate se puede plantear en cualquier momento porque cumple el principal requisito para el aprendizaje: a los niños les fascina el tema.

Dile que no tiene que ser fuerte

«Mi padre era de la escuela de John Wayne: cállate, no te quejes y sé fuerte. Así es como pensaba yo que debía ser un hombre.»

¿Por qué tiene que ser fuerte un hombre? ¿Es la vida un campeonato de levantamiento de pesas? ¿Seguimos entrenándonos para luchar en un campo de batalla medieval? Deberíamos dejar de usar la palabra *fuerte* durante varias generaciones hasta que pierda parte del sentido que tiene ahora. La auténtica fuerza es una cualidad maravillosa, pero sólo si procede del interior, de una comprensión profunda de nosotros mismos. No se emplea para dominar, sino para vivir la vida con integridad.

Decir a los niños que sean fuertes es decírselo todo con una palabra que no necesitan oír. Normalmente la utilizamos cuando tienen que hacer frente a un reto o un problema: te has caído del caballo, pero tienes que ser fuerte y montarte otra vez. Se ha muerto tu tío, pero debes ser fuerte y contener las lágrimas. Y al hacerlo les recordamos que no son fuertes ni físicamente, ni emocionalmente, ni racionalmente; sólo son niños que están intentando aprender qué significa estar vivo. Decirles que sean fuertes equivale a decir que dejen de sentir lo que sienten; que se olviden del miedo, el dolor o la confusión que puedan estar sintiendo y se encierren en sí mismos.

Padres: Elimina la palabra *fuerte* de tu vocabulario cuando hables con tus hijos.

Profesores: Estudia esta palabra en clase. Analiza sus derivados y sus múltiples significados. ¿Por qué otros términos podrías sustituirla? Ayuda a tus alumnos a conocer mejor esta poderosa pero debilitada palabra.

Haz frente a los abusos y las amenazas

«El primer día de clase tuve mi primera pelea. Un niño más grande que yo empezó a empujarme y a insultarme. Yo intenté defenderme, y lo siguiente que recuerdo es que acabamos los dos en el despacho del director.»

¿Qué te viene a la mente cuando piensas en el parvulario? Quizá la imagen de todos esos niñitos adorables, o puede que te preocupe si tu hijo se adaptará bien. Lo que no solemos tener en cuenta es que ésta es una etapa muy difícil, sobre todo para los chicos. Salen de un ambiente en el que se sienten seguros para entrar de repente en un mundo que les obliga a reprimir sus emociones. Una amiga mía que trabaja con niños de primero llama a su clase «el reino salvaje», pero bromas aparte no hay nada de gracioso en un entorno en el que los gallitos pueden hacer lo que quieren, en el que algunos niños son objeto de burlas por tener un aspecto diferente, por llevar gafas, por ser pequeños o por ningún motivo especial.

Los datos de un reciente estudio del Wellesley College indican que las bromas y las amenazas son frecuentes en la mayoría de las escuelas, pero que casi todos los provocadores son chicos y, lo que es más preocupante, que en la mayoría de los casos los profesores no intervienen. Ese comportamiento es difícil de controlar, si no imposible, incluso en las mejores circunstancias, y puede tener una influencia negativa en su formación. Las niñas que son objeto de burlas reaccionan con todo derecho como víctimas. En cambio los niños se avergüenzan de su debilidad y ya con cinco o seis años se sienten «poco hombres». A tan tierna edad ya saben que deben ser fuertes, demostrar que no tienen miedo y ocultar sus sentimientos si no quieren ser el próximo objetivo. Y los que provocan descubren que la violencia es el modo más eficaz de resolver los problemas; una actitud muy peligrosa que sigue prevaleciendo.

Padres: Participa en la vida escolar de tu hijo. Habla con él de lo que puede suceder. Háblale de las bromas y las amenazas y de lo peligrosas que pueden ser. Asegúrate de que sabe lo que está ocurriendo para que puedas animarle y ayudarle a ser fiel a sus sentimientos.

Profesores: Este territorio plantea muchas dificultades. No es fácil dar clase y controlar a los provocadores, pero es esencial para la salud emocional de tus alumnos que reduzcas el efecto de las amenazas y prediques el valor de la amabilidad.

Resolución de conflictos

«Cuando estaba furioso, pegaba. Eso es lo que hacía mi padre, y eso es lo que aprendí a hacer. De pequeño me metía en muchos líos, hasta que decidí contenerme porque no quería ser como mi padre. Ahora estallo verbalmente, pero no estoy seguro de que eso sea mucho mejor.»

No hay mucha gente que sepa controlar bien la ira. No hemos tenido buenos modelos. En todo caso los modelos han empeorado, puesto que ahora los niños aprenden de los adultos que les rodean y de los programas de televisión en los que la gente resuelve los conflictos gritando y sin escucharse. Y si de ese modo no consiguen lo que quieren, recurren a la violencia o a las armas.

De nosotros depende que nuestros hijos lo hagan mejor. Ante todo tenemos que afrontar nuestros conflictos con madurez y tenemos que explicarles con claridad qué deben hacer en esos casos. Si somos impulsivos y les gritamos a ellos o a nuestra pareja (o arrojamos cosas y les pegamos) eso es lo que van a aprender. Y si evitamos los conflictos y acabamos haciendo lo que queremos, ellos harán lo mismo que nosotros.

¿Cómo actúas ante un desacuerdo? ¿Eso es lo que quieres que aprenda tu hijo? Si no es así, deberías leer un buen libro sobre la ira. Tanto nosotros como nuestros hijos debemos aprender a controlar la ira de un modo eficaz.

Padres: La técnica del «semáforo», que se enseña en muchas escuelas, se puede adaptar a cualquier edad. Ocurre algo que te molesta: semáforo rojo. Detente y averigua cómo te sientes. (Esto te ayudará a controlar tus impulsos.) Decides que estás furioso (o herido o decepcionado). Entonces el semáforo se pone en ámbar y puedes considerar todas las opciones que tienes y sus consecuencias. Por ejemplo, puedes decir a la otra persona que estás dolido; puedes pegarle; puedes gritar «Te odio»; o puedes marcharte y no hacerle caso durante un tiempo. Imagina la situación en cada caso: Si le pego podríamos acabar peleándonos. Si le digo que le odio puede que no vuelva a jugar conmigo. Si no le hago caso es posible que quiera jugar más tarde. Ahora el semáforo está verde: Elige la mejor opción y observa qué sucede.

Profesores: Enseña a los niños más mayores a actuar como mediadores para que los demás acudan a ellos y les ayuden a resolver sus conflictos. De este modo todos saldrán beneficiados.

Contrarresta la influencia de la pandilla

*«Cuando estaba en el instituto tenía un grupo
de amigos que siempre se metían en líos.
Era nuestra manera de demostrar que estábamos
en contra del sistema, fuera lo que fuera.
Una vez nos pillaron y mi padre tuvo
que ir a recogerme a la comisaría.
Yo pensaba que iba a matarme, pero al llegar
a casa se limitó a decirme: "¿Por qué haces esas cosas?
Tú no eres así".»*

Los chicos se pierden fácilmente. Cuanto más se alejan de lo que sienten, con más facilidad se dejan llevar por los planes y las presiones de su grupo de amigos. Si no tienen un sentido claro de lo que quieren y de lo que es importante para ellos, entonces buscan ese sentido en otra parte, normalmente en el entorno reconfortante de un grupo. Esta falta de conciencia personal es lo que hace que los chicos se metan en líos y anden con malas compañías. El grupo les dice cómo deben pensar, vestirse y comportarse y, lo que es más importante, les recuerda que forman parte de él.

En este sentido tenemos una ventaja como padres, porque lo cierto es que nuestros hijos prefieren formar parte de la familia más que de ningún otro clan. Pero debemos asegurarnos de que lo sienten así. Tenemos que crear y mantener una sólida conexión emocional, un entorno comprensivo en el que se sientan aceptados y queridos. También tenemos que poner en práctica el resto de las sugerencias que se incluyen en este libro, porque cuanto más unidos estén a sus sentimientos menos necesidad tendrán de dejarse llevar por los demás.

Padres: Presta mucha atención al barómetro emocional de tu hijo, y recuerda que el entorno social siempre intentará alejarle de sus emociones. Permanece en contacto con él para ayudarle a crecer lo mejor posible.

Profesores: Explica a tus alumnos que para vivir en sociedad ante todo deben ser ellos mismos. Habla de las creencias y los valores a los que nadie debe renunciar para formar parte de un grupo. Diles que hablen de los valores que podría tener un grupo al que les gustaría pertenecer.

Potencia la amistad con las niñas

«Cuando era pequeño, mi mejor amiga era una niña que se llamaba Becky. Jugaba muy mal al béisbol, lo cual ayudaba, pero lo que hacía que esa relación fuera tan especial era que cuando estaba con ella podía relajarme y ser yo mismo. Con el resto de mis amigos había siempre una especie de pugna para ver quién era el más listo, el más atrevido o el más rápido.»

El mejor modo de descubrir toda la riqueza de nuestros aspectos masculinos y femeninos es explorarlos en el marco de una relación de confianza. Una serie de estudios recientes indica que a medida que los niños crecen, sus amigos tienen más influencia en su comportamiento y en su sentido de la identidad que sus padres. Lo que no está claro es hasta qué punto influye en esto que muchos padres se alejen de sus hijos, sobre todo de los chicos, pero sí sabemos que el hecho de potenciar unas relaciones sanas entre niños y niñas puede abrir todo un mundo nuevo para nuestros hijos.

Si fuéramos antropólogos e intentáramos comprender los roles y el comportamiento de una tribu, no nos fijaríamos sólo en los hombres. Si lo hiciéramos, obtendríamos una imagen distorsionada, y eso es precisamente lo que les ocurre a muchos niños. Tantos años de condicionamientos y miedos infundados han creado una cultura en la que los niños y las niñas tienden a separarse muy pronto, y al hacerlo pierden la oportunidad de adquirir una experiencia mucho más amplia y enriquecedora. Últimamente parece que la situación está cambiando, al menos en secundaria, donde algunos chicos y chicas resisten la presión de «salir juntos» para ser simplemente amigos.

Padres: Anima a tu hijo a tener amigas. Háblale de los amigos del sexo opuesto que hayan sido o sigan siendo importantes en tu vida.

Profesores: Cuando hagas trabajos en grupos resiste la tentación de poner a los niños con los niños y a las niñas con las niñas. Crea oportunidades para que todos trabajen juntos.

La auténtica independencia

«Mi padre siempre me decía que tenía que ser independiente.
Ahora que lo soy, mi vida está centrada en lo que quiero
hacer cuando quiero hacerlo, y eso incluye pasar muy poco
tiempo con él. Sé cómo he llegado hasta aquí,
pero también sé que hay algo que falla en esta situación.»

La independencia es uno de los temas que más preocupan a los hombres. Si quieres ser un hombre, no te ates a nadie, no digas nada y no dejes que nadie se acerque demasiado para no perder tu independencia. Este tema tiene unas raíces muy profundas y unas consecuencias trágicas, porque el tipo de «independencia» que se inculca a los niños no es independencia en absoluto, sino separación y aislamiento que en muchos casos conducen a una vida que no es más que una ilusión.

Aunque en el cine y en la literatura se exalta con frecuencia al «tipo fuerte y solitario», en realidad es el rol más patético que puede adoptar un ser humano; desconectado de cualquier sentimiento real, alejado de una verdadera comunidad, tan independiente que a efectos prácticos sólo existe como un actor centrado en sí mismo.

Ser independiente significa tener fuerza y sabiduría para vivir la vida plenamente y con integridad sin tener en cuenta lo que piensen los demás. Significa tener valor para arriesgarse y vivir experiencias que sólo se pueden vivir en contacto con otros. Significa ser fiel a los sentimientos que permiten experimentar la extraordinaria riqueza de la vida. Y significa reconocer y celebrar las cualidades personales y compartirlas siempre que sea posible con los demás. Ayuda a tu hijo a comprender la diferencia.

Padres: Recuerda a tu hijo que la auténtica independencia no consiste en aislarse y mantener el control, sino en vivir la vida con honestidad e integridad.

Profesores: Crea oportunidades para que tus alumnos compartan sus intereses y experiencias. Ayúdales a explorar sus cualidades personales y a compartirlas con los demás.

El auténtico significado del respeto

«Mi abuela era una mujer extraordinaria. Entre otras cosas me enseñó a no juzgar nunca con dureza a los demás. Un día hice un comentario desagradable sobre un compañero de clase, y ella me dijo que puesto que no estaba en su pellejo y no había vivido su vida no tenía ningún derecho a condenarle.»

El respeto es otro de los conceptos que trae de cabeza a los hombres. Muchos casos de violencia ocurren cuando alguien cree que le han faltado al respeto y decide sacar un arma para solucionar el problema. Es fácil darse cuenta de que dicho comportamiento está basado en una profunda inseguridad, puesto que si un joven se sintiera cómodo consigo mismo no le importaría lo que pensaran los demás.

Pero el respeto es muy importante. Cuando pensamos en ese concepto lo solemos asociar con gente que ha realizado grandes logros, pero eso no es respeto. Podemos admirar lo que han conseguido y creer que tienen una habilidad especial, pero el auténtico respeto es mucho más profundo y se debe dispensar a todo el mundo. La vida es muy complicada, y cada uno tiene que seguir su propio camino. En algún momento podemos equivocarnos y ser desagradables o desagradecidos, pero cómo y por qué hemos llegado ahí es nuestro problema, y somos nosotros los que debemos pagar por nuestros errores.

El auténtico respeto implica sentir compasión por todos los que nos rodean en cualquier circunstancia. Debemos transmitir esta importante lección a nuestros hijos, porque en el mundo competitivo de los hombres resulta muy fácil juzgar a los demas y tratarlos sin respeto. Ayuda a tu hijo a comprender que los que son irrespetuosos con él también son dignos de su compasión, porque se sienten tan inseguros que no pueden hacer otra cosa.

Padres: Habla con tu hijo del respeto. Ayúdale a comprender que para respetar a los demás debe ser compasivo, y que enzarzarse en una pelea por una falta de respeto es contraproducente.

Profesores: El respeto a los demás es especialmente importante en la escuela, donde pueden surgir muchos conflictos. Plantea un debate sobre lo que significa respetar a otras personas con diferentes puntos de vista y estilos de vida.

No te obsesiones con el respeto que te deben

«Cuando era adolescente, discutí un día con mi padre y le dije: "Es la mayor estupidez que he oído en mi vida". Fue un grave error. Me echó una bronca terrible, estuve castigado un par de años y no nos hablamos durante casi seis meses.»

Como les ocurre a los niños, es habitual que los padres y los hijos se enzarcen en peleas absurdas sobre el honor y el respeto; al fin y al cabo es algo propio del mundo tradicional masculino. Durante muchas generaciones el honor y el respeto fueron los principales beneficios que tenían los hombres por su trabajo, sus sacrificios y sus logros. Alejados del mundo de los sentimientos, el amor y la comprensión, hacíamos lo que se suponía que debíamos hacer y a cambio nos honraban y nos respetaban. Con ese planteamiento, cualquier cosa que oliera a falta de respeto se consideraba un ataque frontal a nuestra dignidad.

No es fácil deshacerse de esa herencia, pero por el bien de nuestros hijos, que no tienen experiencia y van a cometer muchos errores, debemos controlar nuestro sentido de la injuria y recordar que somos adultos. Somos nosotros, no ellos, quienes debemos buscar un camino a través de este campo minado.

Crecer en estos tiempos es extraordinariamente difícil. Las viejas normas ya no sirven, y las nuevas están aún en fase de experimentación. No es extraño que nuestros hijos estén asustados y desorientados y a veces se enfaden con nosotros. Aunque no sepan cómo expresarse, debemos ayudarles a comprender el sentido de todo esto. Y no podremos hacerlo si nos ponemos a la defensiva y nos alejamos de ellos.

Eso no significa que tengamos que soportar insultos o comentarios despectivos; quiere decir que primero tenemos que ocuparnos de los problemas que se ocultan tras los ataques y después explicarles con calma que hay formas más apropiadas de expresar la ira.

Padres: Cuando tu hijo tenga un arrebato de ira, no recurras al «¡Cómo te atreves a hablarme de esa manera!» para terminar la conversación. La ira es muy difícil de controlar, pero viene de alguna parte. Si queremos mantener el contacto con nuestros hijos y ayudarles a controlar sus emociones, tenemos que olvidarnos de momento de las palabras ofensivas para centrarnos en lo que les esté ocurriendo.

Profesores: A veces los niños no saben que algunos de sus comentarios tienen un tono irrespetuoso. Diles que practiquen diferentes formas de decir lo mismo hasta que aprendan a reconocer las que tengan un matiz irrespetuoso. Después, cuando se enfaden contigo, recuérdales que les escucharás mejor si te hablan con respeto.

Proporciónale buenos modelos

*«Mis padres tenían un amigo que venía a vernos dos
o tres veces al año. Sus visitas eran muy especiales para mí,
porque además de ser un hombre muy interesante
(se dedicaba a la arqueología) era una persona auténtica.
Lo que más me sorprendía era que se interesara por mí
y me tratara como si fuera especial a pesar de que sólo
era un niño.»*

Todos sabemos que los modelos tienen una gran importancia, pero cada vez es más difícil encontrar buenos modelos para nuestros hijos. Los personajes públicos nos ofrecen más ejemplos negativos que positivos; los grandes exploradores de otros tiempos se han convertido en aventureros cuyo único mérito es poner en riesgo su vida; y los héroes deportivos pueden ser buenos atletas, pero la comercialización del deporte crea más millonarios que hombres con carácter.

Incluso los modelos personales son cada vez más difíciles de cultivar en un mundo en el que tendemos a aislarnos y apenas ofrece oportunidades para que nuestros hijos conozcan a hombres con carácter. Pero la necesidad de que los niños tengan acceso a modelos positivos es más urgente que nunca. En una época en la que la definición de la masculinidad está cambiando, el mejor modo de darles la información que necesitan para que elaboren su propia definición es hablarles de hombres que hayan recorrido este camino con éxito antes que ellos.

Padres: Los chicos necesitan hombres en su vida. Busca hombres a quienes te gustaría que tu hijo emulara. Habla de las cualidades que hacen que sean especiales y anima a tu hijo a desarrollarlas.

Profesores: Habla a tus alumnos de los modelos, de lo que significan y de las características que deben tener. Diles que lleven a clase fotografías de gente a la que admiran y que expliquen por qué son importantes para ellos.

Ten cuidado con los mentores negativos

«Cuando iba al instituto, jugaba al fútbol. Me encantaba jugar y por lo general me lo pasaba bien, pero mi entrenador era un idiota. Después de perder un partido importante apareció al día siguiente con una caja llena de faldas y nos obligó a entrenar con ellas.»

Un gran número de estudios han demostrado que los deportes contribuyen a formar el carácter. Las actividades deportivas ayudan a las chicas a fortalecer su autoestima y permiten a los chicos experimentar un amplio abanico de emociones. Les ofrecen la oportunidad de ponerse a prueba, mejorar sus habilidades, alcanzar metas, trabajar duro, hacer progresos, triunfar, fallar y recuperarse de nuevo, todo ello en el contexto de un equipo unido. Pero todo eso se convierte en una experiencia negativa si el entrenador impone a su equipo una visión retorcida de lo que significa ser un hombre.

Afortunadamente, los entrenadores machistas están desapareciendo a medida que la sociedad toma conciencia de la importancia de los deportes. Pero aún hay muchos retrógrados por ahí, y los padres debemos estar al tanto de los métodos que emplee cualquier persona que pueda influir en nuestros hijos. Entérate de lo que ocurra en los entrenamientos y en los vestuarios y apoya a tu hijo para que defienda su derecho a ser tratado con respeto. Haz lo que consideres necesario para protegerle de este tipo de abusos.

Padres: Los entrenadores pueden ser una bendición o tan peligrosos como un campo de minas. Averigua cómo tratan a tu hijo en esas situaciones. Habla con él de lo que está bien y mal, establece límites y ayúdale a mantenerlos.

Profesores: En muchos casos estás en la mejor posición para darte cuenta si los entrenadores se están pasando de la raya y no tratan de un modo apropiado a tus alumnos. Si adviertes alguna señal de peligro, no dudes en comunicárselo a la autoridad pertinente. No hay ninguna excusa para faltar al respeto a los niños.

Deja de glorificar la violencia

«Cuando mi hijo tenía ocho años recuerdo que vi con él una de esas películas en las que el chico bueno se enfrentaba solo a los malos y el bien vencía al mal gracias a la violencia. Me avergüenza decirlo, pero vimos la película entera aunque no dejaba de pensar: "¿Qué le estoy enseñando?".»

Según un reciente estudio realizado por Children Now, un grupo que defiende los derechos de los niños, el entretenimiento favorito de los chicos son las películas y los programas de televisión en los que se utiliza la violencia para solucionar los problemas, a pesar de que los que participaron en dicho estudio (que tenían entre diez y diecisiete años) consideraban al protagonista «violento» y «amenazador». Aunque nos parezca terrible, estos resultados no deberían sorprendernos. La única emoción que permitimos expresar a nuestros hijos es la ira, y cuando crecen con el mensaje de que si no lo consiguen todo —poder, éxito, dinero, chicas— serán unos perdedores, es casi inevitable que recurran a la violencia.

Los modelos con los que crecen son los personajes violentos de los videojuegos y los héroes cinematográficos como Bruce Willis, Sylvester Stallone, Jean-Claude Van Damme,

Wesley Snipes o quien protagonice la última versión del vengador cruel e insensible. Estos modelos son muy peligrosos, pero están por todas partes y permitimos que nuestros hijos tengan acceso a ellos.

Intentar que a nuestros hijos no les afecte toda esta violencia no es una tarea fácil. «Sólo es una película.» «No pasa nada.» A veces es probable que te sientas ridículo por creer que tu influencia tendrá algún efecto. Pero al menos debemos hacer algo para contrarrestar los mensajes negativos que les transmiten. Nosotros, con nuestra mentalidad de adultos, sabemos que sólo es una película, pero nuestros hijos lo ven de un modo diferente, y debemos corregir ese mensaje antes de que sea demasiado tarde.

Padres: Ten el valor de analizar esta parte de nuestro legado cultural. Tus hijos deben saber que el vengador violento no es un modelo apropiado para un hombre. Aprovecha la oportunidad para explicarles que muchos hombres han acabado siendo víctimas de la ira y la violencia.

Profesores: Analiza películas y programas de televisión violentos con una actitud crítica. Plantea un debate para discutir si los programas violentos pueden engendrar violencia.

Habla de sexo

*«Yo creo que la experiencia que tuve en la pubertad
fue bastante normal. Un día era un niño, y de repente
el sexo invadió mi cuerpo y mi mente. Y los únicos
que hablaban de esas cosas eran mis amigos, que estaban
tan desorientados como yo.»*

Todos sabemos que deberíamos hablar de sexo con nuestros hijos, pero no solemos tener en cuenta una de las razones más importantes. Debemos hablar con ellos ante todo para ayudarles a comprender que los sentimientos intensos no se deben ocultar.

Cuando los chicos llegan a la pubertad, el deseo sexual puede alcanzar unas cotas que en ocasiones son incontenibles. Es una sensación física especial, pero también es mucho más. Cuando como padres esquivamos el tema fingiendo que no existe, además de no ayudarles a comprender este poderoso don reforzamos el mensaje de que no se debe hablar de nada que esté relacionado con los sentimientos.

Y les transmitimos ese mensaje cuando más necesitan nuestra ayuda, con lo cual en muchos casos se encierran en sí mismos. ¿Cuántos padres se quejan de que al llegar a la pubertad sus hijos se convierten en criaturas hurañas e introvertidas? Si no tenemos en cuenta las necesidades sexuales de nuestros hijos, a largo plazo el sexo y las emociones pueden acabar mezcladas en una imagen confusa y distorsionada que al llegar a la madurez sólo les permitirá expresar sus emociones a través del sexo.

Padres: Es un territorio difícil, pero muy importante. Si queremos que nuestros hijos crezcan con madurez emocional tenemos que educarlos en un entorno de diálogo y confianza. Comienza a hablar de sexo antes de que sea necesario; será más fácil para todos.

Profesores: A veces los adolescentes hablan con más libertad de sexo con sus profesores que con sus padres. Si no puedes desempeñar este papel, averigua si algún compañero es capaz de hacerlo y di a tus alumnos que le planteen sus dudas.

Conductas sexuales

*«Cuando estaba en el instituto tenía una novia a la que
adoraba. Todos mis amigos me tomaban el pelo porque no
"lo hacíamos". Ella no estaba preparada, y la verdad es que
yo tampoco, aunque mi cuerpo decía lo contrario, pero acabé
cediendo a las presiones y comencé a ser más insistente.
La relación acabó de mala manera, y lamento haberme
comportado así.»*

A veces nos resulta difícil hablar de sexo con nuestros hijos
porque todos tenemos dudas al respecto. Como especie nos
encontramos en medio de una larga transición para pasar del
sexo como método de supervivencia al sexo como sacra-
mento, y por desgracia nuestros impulsos, deseos y razona-
mientos nos perturban a diario. Es importante que hablemos
con nuestros hijos de este difícil proceso, porque sin nuestra
ayuda en algún momento pueden caer en la trampa de sus
arrebatos hormonales.

En general consideramos a los jóvenes predadores sexuales, y muchas veces decimos a nuestras hijas que son capaces
de mentir, engañar, manipular y hacer cualquier cosa para
acostarse con ellas. Es un punto de vista cínico y cruel que,
como todos los mitos modernos, está basado en elementos
reales. Pero debemos centrarnos precisamente en los aspectos
erróneos y nocivos.

En el fondo nuestros hijos son buenas personas, capaces de
tratar a las mujeres con el respeto que merecen. Éste es el aspecto que debemos cultivar, sin evitar el difícil reto que tendrán que afrontar cuando se enfrenten a sus impulsos sexuales.

El sexo es complejo y ambiguo, y para entenderlo necesitan nuestra sabiduría y nuestra comprensión. Explícales que
el sexo es una calle de doble sentido, en la que se deben te-

ner en cuenta las necesidades y los deseos de los *dos*. Explícales que NO significa NO, da igual quién lo diga.

Padres: Enséñales a tratar bien a las mujeres sexualmente y a tener en cuenta sus sentimientos. Háblales de las enfermedades de transmisión sexual y de la posibilidad de embarazo para que aprendan a ser responsables.

Profesores: Tras muchas décadas de esfuerzo parece que al fin la educación sexual ha encontrado un hueco en el sistema educativo, pero no permitas que se convierta en una clase de anatomía humana. Habla a tus alumnos de todos los aspectos del sexo, incluidos los usos y los abusos.

Potencia su creatividad

«A mi madre le encantaba pintar,
y desde que era muy pequeño me llevaba
a su estudio y me daba tizas y pinturas.
La verdad es que no heredé su talento,
pero me lo pasaba muy bien.»

Muchas veces, de forma inconsciente, restringimos el mundo de nuestros hijos a los aspectos físicos y racionales. Esperamos que corran y jueguen, que piensen y razonen, pero apenas potenciamos su creatividad, una de las facetas que más puede ayudarles a conocer su mundo interior. Si les animamos a crear algo, ya sea a través de la escritura, la música, la pintura o cualquier otra actividad, abriremos unas vías que con frecuencia no se utilizan.

Sabemos desde hace tiempo que el proceso de creación nos pone en contacto con partes de nosotros mismos que normalmente ignoramos, y permite que surjan impulsos e imagenes inconscientes sin pasar por el filtro de la mente racional. Cuanto más utilicemos estas vías, más amplias serán y mejor podremos integrar nuestras capacidades creativas e intuitivas en nuestra vida diaria.

Piensa en ello como si fuera un lenguaje diferente, un lenguaje simbólico. Al relacionarnos con nuestros hijos nos solemos centrar en el lenguaje de las palabras y en la expresión física. Pero si no potenciamos su lado creativo pueden perder el contacto con el lenguaje simbólico de la creación.

Padres: Ten a mano todo tipo de materiales para realizar actividades creativas en familia. Siéntate con tus hijos el domingo por la mañana y diles que dibujen un sueño o que hagan una figura de arcilla que represente lo que sienten en ese momento.

Profesores: Si integras en las clases alguna actividad artística ayudarás a tus alumnos a retener mejor los conceptos y a pensar con más claridad y creatividad. El teatro, las artes visuales, la música y el movimiento también invitan a participar de un modo más activo en los temas y ofrecen a los niños formas de expresión que utilizarán toda su vida.

Fomenta la relación entre hermanos y hermanas

«Cuando mi hija y mi hijo eran pequeños
pensaba que no hacían más que pelearse,

hasta que una mañana vi que estaban colaborando
con muchas ganas en un juego que se habían inventado.
Me di cuenta de que sólo se peleaban delante de mí,
y que cuando estaban solos se llevaban
estupendamente.»

Algunos de los peores aspectos de los estereotipos sexuales aparecen muy pronto, en muchos casos debido a la rivalidad entre hermanos. La mayoría de los niños son capaces de hacer cualquier cosa para captar la atención de sus padres, y eso incluye todo tipo de trucos sexistas: «Es una niña llorona», «Mamá, me ha pegado». ¿Cuántas veces has oído alguna versión de estas quejas? Aunque su propósito es conseguir que te pongas de su lado, lo que consiguen es inculcar absurdos estereotipos unidimensionales.

No participes en ese juego. Asegúrate de que no se hagan daño y deja que tus hijos resuelvan solos sus problemas. Puedes decirles que te comuniquen lo que han acordado para comprobar que es justo, pero son ellos quienes deben encontrar la solución. De esa manera evitarás los juegos sexistas y les darás la oportunidad de aprender a trabajar juntos y de tener una buena relación.

No te limites a dejar que las relaciones de tus hijos y tus hijas sigan su curso. Participa en ellas de una manera activa para intentar que estén cada vez más unidos.

Padres: Crea situaciones en las que puedan hacer cosas juntos (por ejemplo montar la tienda de campaña, hacer un regalo de Navidad para la abuela o preparar una comida). Además de enriquecer su relación, de este modo les resultará más difícil acabar en mundos enfrentados cuando crezcan.

Profesores: Cuando hagas trabajos en grupos asegúrate de que los niños y las niñas se mezclan. Intenta evitar las competiciones sexistas. Haz grupos mixtos para los juegos de palabras y de matemáticas.

Ayúdales a controlar el miedo

«Cuando era pequeño me asustaban muchas cosas, y los intentos de mi padre para ayudarme empeoraban aún más la situación. Además de decirme que debía ser un hombre, me apuntó a clases de boxeo; otra cosa que me daba miedo.»

El miedo es una emoción muy poderosa que puede resultar agobiante si no se afronta bien. Aunque todos sentimos miedo en algún momento por diferentes cosas, nuestros hijos crecen convencidos de que no deben tener miedo. En el lenguaje de los niños, para ser un hombre no hay que tener miedo, y ésa es una carga que no deberían soportar.

Los chicos siempre se están retando para ver quién se atreve a hacer las cosas más estúpidas y a veces peligrosas: tirar piedras, saltar de edificios, subirse al árbol más alto, hacer carreras. Buena parte de la cultura varonil se centra en el hecho de determinar quién es un valiente y quién es un gallina, y el mensaje es muy claro: Si tienes miedo, no eres uno de los nuestros.

Pero el miedo es un mecanismo de supervivencia muy útil, y tenemos que ayudar a nuestros hijos a comprender que es una emoción normal que puede salvarles la vida. También tenemos que enseñarles a identificarlo cuando surja y a tomar la decisión más adecuada. Esto no es fácil, porque a veces lo más adecuado es salir de la situación lo antes posible, o encontrar el modo de controlar el miedo para hacer lo correcto. Pero si no hablamos con nuestros hijos de este tema con una actitud comprensiva, les dejaremos en manos de la influencia de sus compañeros.

Padres: Dile a tu hijo que todos tenemos miedo a veces, en muchos casos con motivo. Ayúdale a comprender sus temores y a reaccionar ante ellos y dile que no se avergüence nunca por tener miedo. Plantéale unas cuantas situaciones: Si te diera miedo un niño más grande que tú, ¿qué harías? Si te diera miedo el examen de matemáticas de la semana que viene, ¿qué harías?

Profesores: Intenta reducir la ansiedad de tus alumnos hablando de los retos a los que todos debemos hacer frente para aprender y expresar lo que aprendemos. Plantea estrategias para reducir el miedo a las exposiciones orales.

Compite sin competitividad

«Cuando era pequeño, una de las cosas que más me gustaban era jugar al ping-pong con mi padre. Solíamos jugar por las noches, y siempre esperaba con ansia ese momento. A los catorce años le gané por primera vez y dejó de jugar conmigo.»

La competición como elemento educativo ha pasado por diferentes fases de aceptación y rechazo. Desde la época en la que se esperaba que los jóvenes «se curtieran practicando deportes competitivos», hasta los primeros tiempos del feminismo en los que la competición se consideraba un instrumento del dominio masculino, y los datos recientes que indican que las actividades deportivas influyen en la autoestima de las niñas de forma positiva, el péndulo no ha dejado de oscilar.

Hoy en día, con un criterio más equilibrado, podemos apreciar los beneficios de una competición sana: puede ayudar a nuestros hijos a esforzarse y a comprender el valor del trabajo en equipo, la alegría del triunfo y la inevitabilidad del fracaso. En definitiva, puede proporcionarles un microcosmos equilibrado de las experiencias de la vida, pero también se puede utilizar mal si el único objetivo de la competición es ganar.

Desde los padres que obligan a sus hijos a sacrificarlo todo para «triunfar» a los que les importa más ganar a sus hijos en cualquier juego que disfrutar de la actividad en sí, la rivalidad implacable transmite un mensaje muy negativo: o eres un ganador o eres un perdedor. Ayuda a tu hijo a comprender que, gane o pierda, lo importante es cómo juegue.

Padres: Fomenta el interés de tu hijo por los deportes competitivos y participa todo lo que puedas, pero asegúrate de que disfruta del juego y se esfuerza por mejorar sin convertir el deporte en una prueba de su masculinidad.

Profesores: Plantea juegos de colaboración en los que no haya ni ganadores ni perdedores para compensar las experiencias competitivas de tus alumnos.

Lleva a tu hijo al trabajo

«Cuando era pequeño veía a mi padre
ir a trabajar todos los días, y sabía que odiaba

*su trabajo. Para mí el trabajo era entonces
una especie de castigo que tenían que soportar
los hombres al hacerse adultos.»*

El movimiento de liberación de la mujer lanzó una campaña con el lema «Lleva a tu hija al trabajo», que resultó muy útil para dar a conocer a las niñas las oportunidades del mundo laboral. Deberíamos hacer lo mismo con nuestros hijos, pero por una razón diferente. Además de ayudarles a conocer el entorno en el que trabajamos, de ese modo les daremos la oportunidad de desmitificar lo que aún consideran un futuro espantoso. Los niños no tienen recursos para comprender lo importante que puede ser el trabajo, pero saben que ése será algún día su destino, y en muchos casos les aterra. El hecho de ver cómo funciona un lugar de trabajo puede aliviar sus temores en gran medida.

Además, nuestros hijos no suelen tener la oportunidad de observar cómo nos relacionamos con otros adultos en un ambiente de camaradería y respeto mutuo. Esto puede darles una perspectiva más amplia de la diversidad de las interacciones humanas. El hecho de ver a sus padres rodeados de colegas, resolviendo problemas juntos y compartiendo con ellos el orgullo por la visita de su hijo puede ampliar el mundo de los niños. La sociedad intenta reducir cada vez más el mundo de nuestros hijos, y todo lo que hagamos para expandir ese mundo es muy importante.

Padres: Lleva a tus hijos a trabajar contigo. No esperes al día de la visita anual. Elige ocasiones en las que suceda algo especial para que puedan experimentar el trabajo como lo que debería ser y no como lo que temen que es. Enséñales las instalaciones y preséntales a tus mejores colegas.

Profesores: Muchas empresas reciben visitas de escolares. Ponte en contacto con las compañías de tu comunidad e intenta organizar excursiones regulares para que tus alumnos conozcan el mundo del trabajo. No olvides visitar a gente a la que le apasione su trabajo para que el panorama no sea demasiado negro.

Apoya sus muestras de afecto

«Cuando tenía siete años, mis padres se cambiaron de casa y tuve que hacer tercero de primaria en una nueva escuela. No me hacía mucha gracia, pero al llegar allí vi que uno de mis mejores amigos de la antigua escuela estaba en mi clase. Me hizo tanta ilusión que corrí a abrazarle, y mi nuevo profesor me separó inmediatamente y me echó una reprimenda. Ese fue el comienzo de uno de los peores años de mi vida.»

Los padres que han tenido hijos saben que, además de tener una gran capacidad de cariño, lo expresan abiertamente cuando son pequeños hacia sus padres, hermanos, animales, familiares, amigos e incluso desconocidos. Pero esas muestras de afecto desaparecen si no las fomentamos porque, desgraciadamente, en nuestro legado cultural el cariño es cosa de chicas, y los chicos que lo demuestran son unos blandos.

Este concepto es muy peligroso, pero es lo que van a oír una y otra vez a medida que crezcan. Los mensajes banales de la industria del entretenimiento, los adultos que siguen adoptando actitudes machistas y los compañeros que ya han caído en esa trampa les recordarán continuamente a nuestros hijos que la amabilidad y la compasión, dos cualidades humanas esenciales, son para mariquitas.

Sin nuestra ayuda tienen muy pocas posibilidades de resistir esas presiones. Alejados de su tendencia natural hacia la amabilidad, de momento crecerán simulando que son fuertes e insensibles, después llegarán a creérselo, y por último celebrarán su cinismo como si fuera una prueba de su independencia. Y mientras tanto en el fondo de su corazón sabrán que han perdido algo importante.

Padres: Celebra sus muestras de afecto y busca oportunidades para que expresen su amabilidad innata. Háblales de la importancia de los gestos de compasión, y deja que descubran por sí mismos lo gratificantes que pueden ser.

Profesores: Habla a tus alumnos del poder y la importancia de la bondad. Organiza con ellos una semana en la que puedan realizar actos de bondad para que comprendan que la compasión desempeña un papel esencial en nuestras vidas.

Actitudes racistas

«Fui a un instituto en el que adquirí una visión del mundo positiva e integradora, pero por desgracia muchos de los recuerdos de aquella época están relacionados con comentarios racistas y acciones vejatorias. La mayoría de estos incidentes apenas tenían importancia, pero me avergüenza reconocer que yo también participaba en ellos.»

El racismo es un tema muy complejo, pero en mi opinión los adolescentes adoptan actitudes racistas entre otras cosas porque crecen desconectados de sí mismos, de su familia y de sus emociones. La necesidad de sentirse unidos a algo se manifiesta de la peor manera posible y hace que sean vulnerables a un amplio repertorio de comportamientos disfuncionales. La sensación de inadecuación y la necesidad de formar parte de un grupo se pueden satisfacer de forma superficial con la dinámica del «nosotros» contra «ellos».

Por otra parte, a los chicos se les enseña a considerar a los demás como objetos dignos de odio y desprecio. Sin capacidad para sentir compasión y comprender sus sentimientos, los chicos despersonalizan a la gente con más facilidad que las chicas, y por lo tanto son blancos fáciles para la propaganda racista.

El racismo, basado en la ignorancia y en la falta de compasión, es una enfermedad insidiosa que perjudica a todos los que entran en contacto con ella. Y por desgracia también es uno de los aspectos predominantes del mundo en el que están creciendo nuestros hijos. Si queremos combatirlo tenemos que ayudarles a desarrollar su compasión y hacer que se sientan integrados en la increíble diversidad de la raza humana. Preséntales a amigos de diferentes etnias para que comprendan la riqueza que aportan a la vida. Habla de las diferencias que existen entre la gente y del respeto con el que debemos tratar a todo el mundo.

Padres: Presta atención a cualquier señal de racismo: comentarios, bromas, faltas de respeto. Actúa inmediatamente y explica a tu hijo con claridad que no es una actitud correcta. Pero ten en cuenta que también puede indicar que debes esforzarte más para que se sienta bien consigo mismo y con los demás.

Profesores: Fomenta a diario la conciencia multicultural. Habla de los antecedentes étnicos de tus alumnos y organiza un mercado o una feria internacional.

Capítulo 6

Cómo crear un nuevo modelo de hombre

Éste es el capítulo más corto del libro, no porque tenga menos importancia que los demás, sino porque trata de algo que aún no existe: un nuevo modelo de masculinidad. Podemos animar y ayudar a nuestros hijos a desarrollar su inteligencia emocional y a vivir conectados a sus emociones, pero no podrán hacerlo a menos que cambie la noción de lo que es un hombre. El prototipo de masculinidad que presentan los medios de comunicación es un idiota emocional que se pasa el día viendo partidos de fútbol. Ayer mismo vi una película en televisión en la que en medio de una ruptura, un tipo le decía a su amigo: «Creo que siento algo, como una emoción. ¿Has sentido alguna vez emociones?».

Como padres podemos desempeñar un importante papel en esta extraordinaria transformación. Pero en última instancia la nueva definición de la masculinidad surgirá de las mentes y los corazones de nuestros hijos a medida que crezcan y maduren. Porque son ellos quienes deben descubrir, experimentar y pulir esa definición. Lo que podemos hacer nosotros es plantear el debate, apoyarles en sus esfuerzos y crear un sólido sistema de apoyo que refuerce los beneficios de la expresión emocional y las relaciones interpersonales.

Habla de los mensajes ambiguos sobre la masculinidad

*«Al mirar atrás me doy cuenta de que la pregunta
que más me preocupaba cuando era niño es ésta:
"¿Qué significa exactamente ser un hombre?".
Nunca se la planteé a nadie. Lo único que hacía
era buscar pistas para intentar averiguarlo.»*

El hecho de que la pregunta más importante para nuestros hijos ni siquiera sea un tema de conversación indica hasta qué punto estamos ciegos en este sentido. Lo que está claro es que nuestra definición de masculinidad está en proceso de transición. Los antiguos modelos, desde los caballeros medievales hasta John Wayne, siguen teniendo cierto atractivo, pero no hay duda de que son unidimensionales e inadecuados. Y los nuevos modelos del «hombre sensible de la nueva era» ofrecen alternativas poco convincentes que en muchos casos también resultan inapropiadas.

¿Cómo podemos ayudar a nuestros hijos a sobrellevar esta pesada carga? ¿Cómo pueden averiguar hacia dónde deben ir si nadie quiere reconocer que la pregunta está ahí?

Simplemente hablando de ello. Arrojando un poco de luz sobre este oscuro asunto. Aunque no tengamos aún las respuestas; aunque no sepamos explicar de qué modo puede un hombre ser fuerte sin violencia y sin ira, sensible y comprensivo sin perder el control, generoso sin traicionarse a sí mismo; aunque no tengamos una idea clara de cómo pueden encajar las piezas, no se me ocurre ningún modo mejor de iniciar la conversación.

Padres: Dile a tu hijo que forma parte de un extraordinario proceso —la redefinición de lo que significa ser un hombre— y anímale a aportar ideas para elaborar esa definición.

Profesores: Éste es un tema excelente para trabajar en clase. Estamos participando en una transición cultural histórica. ¿Vamos a esperar varias décadas para que los historiadores nos digan lo que hemos hecho? Invita a tus alumnos a analizar el tema y a definir cómo debería ser un hombre.

Revisa la historia con nuevos ojos

«Uno de las cosas que recuerdo con más agrado
es que leía los mismos libros que mi padre y los comentaba
con él. Esta costumbre comenzó de forma casual
cuando me citó uno de sus libros favoritos y decidimos
leerlo los dos.»

Somos el resultado de nuestras circunstancias históricas, sobre todo en la consideración de los roles que asumimos como hombres y mujeres. Los roles sexistas se transmiten de generación en generación, y en muchos casos se basan en una división histórica del trabajo por razones prácticas que más tarde resulta constrictiva, cuando las circunstancias cambian pero los roles persisten.

Una de las formas más amenas de analizar este tema y determinar qué razones siguen teniendo sentido es retroceder en el tiempo con nuestros hijos y examinar la historia de los roles. Háblales de otras culturas en las que las cosas se dividan de un modo diferente.

Ofrece a tus hijos el don de la perspectiva y el reto de la imaginación. Utiliza la historia para abrir su mente a la situación actual y a lo que debería ocurrir en el futuro.

Padres: Basándote en libros de historia o novelas y películas históricas, imagina con tus hijos cómo podía ser la vida en tiempos prehistóricos, en los que la gente vivía en tribus, y cuando comenzó a desarrollarse la agricultura y surgieron las primeras grandes civilizaciones. Habla de la expectativa de vida y de los riesgos de cada periodo y piensa con tus hijos por qué los hombres y las mujeres han asumido diferentes papeles a lo largo de la historia. Diles que imaginen cómo se habrían sentido en diferentes épocas y qué les habría gustado hacer. Luego ve acercándote a nuestro tiempo, analiza cómo han cambiado los roles e imagina qué cambios puede haber en el futuro.

Profesores: Incluye el tema de los roles en todas las asignaturas posibles. ¿Cuántos problemas de matemáticas hay relacionados con niños y con niñas? Busca libros de texto antiguos y compáralos con los actuales. ¿Cuántas mujeres científicas hay en los de ahora y cuántas había en los de hace treinta años?

Ten cuidado con el síndrome de Peter Pan

«Cuando pienso en mi vida me doy cuenta de que pasé más de una década, a partir de la adolescencia, intentando desesperadamente no hacerme mayor. Pensaba que ser un hombre era tan duro que no merecía la pena el esfuerzo.»

No es extraño que muchos jóvenes y adolescentes se resistan a dejar atrás la infancia. En teoría los hombres deben ser fuertes, asumir responsabilidades, hacerlo todo bien, ganar mucho dinero, mantener y proteger a su familia y no mostrarse nunca débiles ni emotivos. Es cierto que las cosas están comenzando a cambiar, pero las expectativas siguen ahí. Este tipo de cambios no se producen en unas décadas.

La verdad es que a nuestros hijos les asusta con razón lo que muchas veces consideran un panorama de soledad, trabajo duro y sacrificio. Durante la adolescencia y la juventud experimentan la segunda crisis de su vida, y si queremos que la superen con éxito tenemos que estar a su lado. Necesitan que les digamos que hay otras alternativas, otras opciones, que hacerse mayor es una aventura apasionante que les permitirá conocer su verdadera identidad.

En este periodo crítico, lleno de dudas y temores, necesitan toda nuestra compasión, sabiduría y orientación. Sin embargo, también es un periodo en el que la mayoría de los padres tienden a inhibirse porque el reto les parece demasiado difícil, y en muchos casos se deja pasar la oportunidad de establecer una relación abierta, sincera y solidaria.

Padres: No importa qué hayas hecho bien o mal hasta ese punto; tu hijo te necesita desesperadamente a partir de la adolescencia. Lo que necesita ante todo es que le escuches y le comprendas. Abre tu corazón y dile que sabes lo difícil que es crecer, y que pase lo que pase estarás siempre a su lado.

Profesores: Anima a tus alumnos a explorar qué opciones tienen después de terminar los estudios de secundaria: universidad, viajes, proyectos artísticos, servicios comunitarios. Estas actividades les ayudarán a conocer mejor el mundo y a decidir qué tipo de vida quieren llevar.

Potencia la amistad

*«Los amigos de mi hijo venían a menudo a casa.
En algunas ocasiones resultaba un poco molesto
(sobre todo cuando se hicieron mayores y se quedaban
hasta las tantas viendo películas), pero la mayor parte
de las veces llenaban la casa de alegría.
A medida que pasaron los años me di cuenta de que
mi hijo y yo nos sentíamos más unidos y hablábamos
con más franqueza después de que se fuera su pandilla.
Yo creo que el hecho de que aceptara y respetara
a sus amigos le recordaba cuánto le quería.»*

No es fácil imaginar lo solos y aislados que se sienten nuestros hijos al convertirse en hombres. Cuando pienso en aquella época me cuesta acceder a mis recuerdos, como si quisiera protegerme de las heridas de esos años. A veces parece que todo está en tu contra: el continuo bombardeo de mensajes sobre lo que debes hacer; la competitividad, las bromas y las provocaciones de tus compañeros, que se sienten tan inseguros como tú pero creen que al humillarte serán superiores; la angustiosa distancia emocional que de repente te separa de tus padres.

Durante ese periodo los más afortunados hemos tenido a alguien a quien acudir, un amigo de verdad a quien no le daba miedo bajar la guardia, un amigo con el que podíamos hablar de cualquier cosa (aunque fuera en un lenguaje peculiar). Para muchos chicos, ese amigo es como una tabla de salvación, y en ocasiones el único vínculo que les mantiene unidos al mundo exterior. Cuando aparezca alguien así en la vida de nuestros hijos deberíamos alegrarnos por los beneficios que puede aportarles.

Padres: Trata a los amigos de tus hijos como si fueran tuyos. Quiérelos y haz que se sientan cómodos en tu casa, porque la importancia que tienen para tus hijos es incalculable.

Profesores: Ayuda a tus alumnos a ampliar su círculo de amistades dándoles oportunidades para que colaboren en proyectos intelectuales.

Crea un círculo de hombres

«Cuando era pequeño mi padre solía reunirse con un grupo de amigos para jugar al póquer. Yo andaba por allí, les llevaba más patatas o cervezas cuando se les acababan y escuchaba sus conversaciones y sus anécdotas: "¿Os acordáis de cuando...?". Era una de las pocas oportunidades que tenía de saber algo de la vida de mi padre.»

En las culturas tribales los hombres inician a los jóvenes en el mundo de los adultos incluyéndoles en las reuniones en las que se cuentan historias, se hacen planes y se asignan responsabilidades. Esa costumbre ha desaparecido en el mundo occidental, pero tenemos que encontrar nuevas maneras de incluir a nuestros hijos en nuestra vida para que conozcan todas nuestras facetas. Una de las mejores formas de conseguirlo son las reuniones informales con amigos en las que puedan participar nuestros hijos.

Si queremos proporcionarles una base sólida para que construyan su identidad como hombres, debemos exponerles a una gran variedad de experiencias. Al crear un círculo de hombres, ayudarás a tu hijo a comprender las situaciones a las que tendrá que hacer frente en su vida.

Padres: En ese círculo debe haber mucho espacio para la diversión, para contar historias y para hablar de cualquier tema (queda excluido el partido del domingo, que no deja mucho margen para una conversación interesante). Puedes organizar todos los meses una barbacoa, una acampada, una partida de cartas o una tertulia literaria «sólo para hombres», cualquier actividad que te permita desconectar de la rutina diaria, relajarte como padre y mostrar a tu hijo otras facetas de tu vida.

Profesores: Crea situaciones en las que los alumnos puedan relacionarse con sus profesores. En una fiesta o una salida al campo los chicos podrán ver y hablar con esos «tipos» importantes en un ambiente relajado e informal.

Habla de las expectativas sociales

«He visto un par de veces un anuncio de televisión en el que unos niños hablan del "sueño de su vida". Uno de ellos dice algo así: "Cuando sea mayor conseguiré un cargo intermedio en una empresa y luego me despedirán".»

Si queremos ayudar a nuestros hijos a elaborar su propia definición del nuevo hombre, en primer lugar tenemos que enseñarles a identificar las expectativas sociales que se encontrarán en su camino. El mejor modo de hacer frente a las cuestiones ocultas es sacarlas a la luz y analizarlas para averiguar la razón de su existencia.

Tienes que ser fuerte, sacar buenas notas, ir a una buena universidad, conseguir un buen trabajo, casarte y tener hijos. ¿Cuántas veces en su vida oyen los niños esta retahíla? ¿Y cuántas veces les respondemos cuando nos preguntan «por qué»? Al negarnos a dar este paso reforzamos la idea de que es lo mejor que pueden hacer, como si de ese modo no pudieran acabar fracasando.

Las expectativas sociales o personales (del tipo «Cuando seas mayor puedes ser abogado como tu padre») ofrecen en algunos casos vías factibles, pero que suponen una carga muy pesada para un niño. ¿Cuántas personas conoces que hayan hecho lo que se esperaba de ellas y ahora sean desgraciadas? Si queremos que nuestros hijos sigan su propio camino, ante todo tenemos que eliminar los obstáculos que les hayan llevado a pensar que deben vivir de acuerdo con lo que los demás esperan de ellos.

Padres: Pregunta a tu hijo qué cree que espera la gente de él y luego habla de tus propias expectativas.

Profesores: Comienza a analizar las expectativas. Di a tus alumnos que pongan por escrito lo que creen que esperan sus padres de ellos y que planteen en casa sus opiniones. Al día siguiente comprueba si sus impresiones eran correctas.

Rito de iniciación

«Al ver crecer a mi hijo comencé a pensar en mi propia infancia. Intenté recordar cuándo dejé de ser un niño para convertirme en un hombre, pero no hubo nada que marcara la transición. Era un niño,

y de repente, unos años después, todo el mundo daba por hecho que era un hombre, pero yo no estaba seguro de lo que había ocurrido.»

¿Cuándo se convierte un niño en un hombre? ¿Cuando saca el carné de conducir? ¿La primera vez que se afeita? ¿Cuando tiene la primera eyaculación o aparece el vello púbico? ¿Cuando cumple dieciocho años?

A la mayoría de la gente le resulta incómodo incluso plantear la pregunta. La verdad es que desconocemos la respuesta, lo cual es preocupante. ¿Cómo van a convertirse nuestros hijos en hombres íntegros si ni siquiera podemos decirles cuándo comienza esa etapa y mucho menos celebrar ese extraordinario momento con un ritual?

Ser mujer es algo que sí resulta posible definir. Cuando las niñas tienen su primera menstruación cruzan el umbral de la infancia para convertirse en mujeres. Pero no hay umbral para los chicos. La masculinidad queda en una zona indefinida llena de confusión e inseguridad que en muchos casos impulsa a los chicos a esforzarse para demostrarse a sí mismos y a sus compañeros que son hombres. El hecho de que no se reconozca y no haya un proceso de iniciación puede determinar que en lugar de crecer lo mejor posible se pasen la vida intentando probar su masculinidad.

~~~~~~~~~~~~~~~~~~~~~~~~~~~~~~~

Padres: Puesto que no hay un límite definido, busca uno que te parezca apropiado y celebra la ocasión con orgullo y solemnidad. Comunica a tu hijo que ha dejado de ser un niño y dile que estás convencido de que será un hombre maravilloso.

Profesores: Introduce este difícil tema comparando diferentes culturas. Habla a tus alumnos de los ritos de iniciación y de lo que significan en cada cultura.

Ayúdale a descubrir qué le apasiona

«Cuando estaba en el instituto, llevaba una especie de diario. Muchos años después mi padre me lo dio y me dijo que lo había encontrado mientras limpiaba un armario. Se disculpó por haberlo leído, pero luego añadió que le habían impresionado muchas cosas y que se sentía mal por no haber sabido que tenía ese mundo privado.»

Uno de los objetivos de nuestra vida es descubrir qué nos apasiona y cultivar esas pasiones. Pero si ya es difícil en las mejores circunstancias, resulta casi imposible cuando nos niegan de forma sistemática los recursos que necesitamos para averiguarlo.

Todos queremos que nuestros hijos sean felices, tengan éxito y lleven una vida satisfactoria, pero no podrán alcanzar ese objetivo hasta que descubran los aspectos más profundos de sí mismos, en los que residen sus pasiones y sus propósitos.

Como padres podemos ayudarles animándoles a explorar su mundo espiritual y emocional y prestando atención a las cosas que les entusiasman. Los niños suelen pasar por distintas fases en las que prueban diferentes cosas, y luego de repente pierden el interés, pero no por ello debemos adoptar una actitud pasiva. Participa en todas las actividades que lleven a cabo. Ayúdales a descubrir qué les interesa, anímales a experimentar, aplaude su entusiasmo. Pero no cometas el error de apropiarte de sus aficiones ni de asumir que porque ahora les guste la fotografía van a ser fotógrafos. Ese tipo de presiones pueden hacer que pierdan todo el interés.

Padres: Pregunta a tu hijo qué es lo que más le gusta y habla de ello.

Profesores: Con las exigencias de los programas educativos apenas queda tiempo para que los niños se centren en las cosas que les gustan. Di a tus alumnos que hagan una lista de los temas que les interesen y deja que desarrollen alguno de ellos de vez en cuando.

Enséñales a escuchar

«Un día mi hijo tuvo problemas en la escuela por pegar a otro niño. Después de hablar con él durante diez minutos, al ver que cada vez estaba más alterado le pregunté qué le acababa de decir. Él respondió: "Crees que soy malo", que por supuesto no era lo que yo había dicho.»

La gente cree que escuchar es lo mismo que oír, pero nada más lejos de la realidad. Saber escuchar es una capacidad que muy pocos llegan a dominar.

En general los hombres tienen más problemas para escuchar que las mujeres, porque es un aspecto de la empatía, en la que no hemos sido educados. Nos centramos tanto en nuestros sentimientos y temores para defendernos de las críticas que nos olvidamos por completo de escuchar lo que nos dicen. Y esto supone un gran riesgo para nuestros hijos, porque se sienten tan presionados para ser buenos, fuertes y perfectos que cuando fallan les aterra que dejemos de quererlos y de respetarlos y lleguemos a la conclusión de que son malos.

Una de las mejores formas de enseñarles a escuchar es pedirles que repitan con sus propias palabras lo que hemos dicho. Este método resulta más eficaz si lo hacemos nosotros antes que ellos, porque de ese modo parece más imparcial y no un simple truco. Aunque queramos creer lo contrario, no siempre están capacitados para expresar lo que sienten, y a veces no lo hacen bien. Al repetir lo que dicen les damos la oportunidad de revisarlo. Y nos hacemos un favor a nosotros mismos, porque tampoco les escuchamos siempre con la atención adecuada.

Padres: Enseña a tu hijo a escuchar repitiendo lo que diga el otro. La primera vez que lo intentéis parecerá una versión cómica del juego del «teléfono», pero con la práctica resultará cada vez más fácil y no habrá malentendidos.

Profesores: Ayuda a tus alumnos a descubrir cómo escuchan mejor. Para algunos es esencial que haya contacto visual; a otros les molesta. Algunas personas escuchan mejor moviéndose, y otras necesitan tomar notas o hacer dibujos.

Cultiva la consideración

«Mi hija siempre está dispuesta a ayudarme con la cena, mientras que mi hijo ni siquiera se ocupa de sus tareas. No sé qué hacer.»

Según otro estereotipo sexista, las chicas son más amables y consideradas con los demás que los chicos. Hay una teoría que dice que, debido a que valoran las relaciones más que los chicos, cultivan las cualidades que les ayudan a mantenerlas, que incluyen la empatía y la colaboración social. Sea éste un rasgo innato o cultural, no hay ninguna regla que diga que los chicos no puedan ser también amables y considerados.

La consideración es una forma de empatía que consiste en tener en cuenta lo que necesitan los demás y ofrecerles nuestra ayuda. Cuanto más unidos estén nuestros hijos a sus sentimientos más capaces serán de reconocer que los demás también tienen sentimientos y mayor será su consideración hacia ellos.

Pero podemos fomentar esta capacidad reforzando sus muestras de consideración: «Has sido muy amable al dejarle a Marcy la bicicleta».Y podemos enseñarles a pensar en los demás y ofrecerles su ayuda: «Vete a ver si la abuela necesita que le echen una mano para servir el pavo». De esta manera les ayudaremos a desarrollar este importante aspecto de la inteligencia emocional.

Padres: No permitas que los estereotipos sexistas te hagan descuidar esta importante capacidad emocional. Tanto los niños como las niñas pueden aprender a ser considerados.

Profesores: Fomenta en clase las muestras de consideración. Enseña a tus alumnos a tener en cuenta las necesidades de los demás y a ayudarse entre sí.

Contacto físico y emocional

*«Cuando estaba en el instituto mi madre quería ir
a una academia de baile, y mi padre se negó a acompañarla,
así que comenzó a darme la lata para que fuera con ella.
Yo me resistí, pero acabé accediendo cuando me dijo
que a las chicas les gustaban los chicos que bailaban bien.
Nunca había visto a mi madre tan contenta,
y me sentí orgulloso de compartir con ella esa inolvidable
experiencia.»*

Como consecuencia de los mensajes absurdos que reciben nuestros hijos, casi siempre llega un momento en el que comienzan a distanciarse física y emocionalmente. De repente, todos los gestos que nos mantenían unidos a ellos les resultan incómodos. En esos casos tenemos que hacer todo lo posible para ayudarles a afrontar la situación sin aumentar sus dudas y su confusión.

Las presiones culturales harán que tu hijo se aleje de ti, y tienes que encontrar el modo de mantenerte unido a él. Si se distancia emocionalmente, busca oportunidades para restablecer esa conexión. Lee el mismo libro que esté leyendo él para comentarlo juntos. Pídele que te ayude a hacer algo (cambiar los azulejos del cuarto de baño, construir una caseta para el perro, cualquier cosa que pueda uniros). Busca una frase en clave para decirle «Te quiero» delante de sus amigos sin que se sienta avergonzado, por ejemplo «Ten cuidado con los cocodrilos». Hagas lo que hagas, no permitas que se aleje de ti.

~~~~~~

Padres: Si tu hijo se distancia físicamente, dale abrazos exagerados en broma para que no se sienta avergonzado. Deja de ver el partido del domingo para demostrarle cómo se lucha; si no le gusta la lucha libre, prueba con las palmaditas en la espalda o con cualquier otro tipo de contacto que no le resulte violento.

Profesores: Busca gestos adecuados para demostrar a tus alumnos que les admiras y les respetas. Por ejemplo, puedes darles un apretón de manos especial cuando hagan un buen trabajo o necesiten un poco de ánimo.

Mascotas

«A los cinco años me compraron un perro.
Era mi mejor amigo. Murió cuando tenía quince años,
y lloré como un niño.»

La imagen de un niño con su perro resulta conmovedora. Tener un animal, especialmente un perro o un gato, es una experiencia maravillosa para cualquier niño. De esa manera aprenden a ser responsables y, lo que es más importante, tienen la oportunidad de cuidar a alguien y demostrarle su cariño.

El vínculo entre los niños y los animales es tan significativo que según los estudios la crueldad hacia los animales es uno de los primeros indicios de la violencia en la adolescencia. Y tiene sentido, porque los niños que aprenden a querer a los animales se preocupan por la gente, y los que aprenden a ser crueles acaban siendo crueles.

Pero ante todo al tener un animal, en especial un perro, tienen algo muy importante; alguien que les ama incondicionalmente. Y ese tipo de amor resulta de gran ayuda cuando llegan a esa edad en la que les parece que la vida es dura y que todo el mundo está contra ellos.

Padres: Si no puedes conseguir un gatito o un perrito para tu hijo, cómprale un conejo o un hámster. La suavidad de su pelo tiene algo que ayuda a reforzar los vínculos emocionales. Si el niño es mayor asegúrate de que sea él quien le cuide.

Profesores: Tener una mascota en clase puede ser muy beneficioso. Si los niños más pequeños no pueden cuidar a un hámster o un conejo de verdad, deja que tengan un animal de peluche que puedan llevar a casa el fin de semana.

Crea nuevas tradiciones

«Cuando era pequeño mi padre me llevaba a desayunar fuera de casa los sábados para que mi madre pudiera dormir tranquila. Con algún pequeño lapso hemos mantenido esa tradición durante más de veinte años.»

Antiguamente los rituales familiares, tribales o comunales formaban parte del proceso de desarrollo. De hecho gracias a esas tradiciones los niños se integraban en la comunidad y descubrían qué papel podían desempeñar en ella. Era un modo de transmitir el valor de la continuidad, de iniciar a los niños en los aspectos más complejos de la vida y de proporcionarles unas referencias para que construyeran su identidad.

En el mundo moderno los rituales se han reducido a unas cuantas fiestas nacionales y religiosas, que en muchos casos han perdido su significado debido a la comercialización y a nuestra falta de interés para comprender su importancia. Hoy en día vivimos en un mundo sin tradiciones significativas, y esa carencia afecta en gran medida a nuestros hijos.

Si ya es difícil educar a los niños en una cultura en la que las fuerzas de la socialización intentan alejarlos de nosotros, sin tradiciones significativas esa tarea resulta mucho más ardua. Tenemos que crear todas las oportunidades posibles para salir de la rutina y buscar tiempo para celebrar y consolidar los vínculos que nos unen. Crea tus propias tradiciones y no permitas que nada interfiera en ellas.

Padres: Da sentido a las fiestas que celebres considerándolas algo más que una excusa para comprar regalos e ir al parque de atracciones. Inventa nuevas tradiciones que puedan proporcionar a tu hijo un punto de referencia, por ejemplo un desayuno semanal, una excursión mensual, una acampada cada seis meses, cualquier cosa que os haga sentir unidos. Mantén esas tradiciones y haz que tengan un carácter especial.

Profesores: La clase es en cierto sentido como una gran familia. Crea tradiciones para que tus alumnos puedan hacer algo especial en grupo y desarrollen todas sus facetas. Los rituales para comenzar o terminar el día pueden ayudar a fomentar el sentido de pertenencia.

Viajes familiares

«Las vacaciones familiares son el mejor recuerdo de mi niñez. Las guardo en mi memoria como un tesoro.»

De forma tradicional, el trabajo ha tenido prioridad sobre la familia en la vida de los hombres. Si queremos que nuestros hijos aprendan a valorar los vínculos emocionales, tenemos que dar a la familia la importancia que merece. La manera más sencilla de demostrar que la familia es importante es hacer algo especial con ella. Aunque resulte obvio, con el ritmo frenético de la vida actual nos olvidamos con frecuencia de este tipo de cosas. Cuando los niños son pequeños pasamos más tiempo con ellos —les llevamos al parque, al zoo o al parque de atracciones— pero si somos sinceros tenemos que reconocer que la mayoría de las veces lo hacemos únicamente para mantenerlos entretenidos.

Reorienta tus prioridades y crea oportunidades de interacción. Organiza de forma regular actividades especiales para toda la familia. Demuestra con tus acciones que para ti es importante que estéis juntos.

~~~~~~

Padres: Las vacaciones familiares son una ocasión estupenda, sobre todo si no hay una agenda muy apretada. Vete con tus hijos al parque para jugar y charlar con ellos relajadamente. Lleva a tu familia a un viaje de negocios en el que te puedas tomar un día libre. O id de excursión para descubrir juntos la naturaleza de la región.

Profesores: Las excursiones campestres son extraordinarias para fortalecer los vínculos entre los niños. Planifica una salida especial que tus alumnos esperen con ansia incluso antes de que comience el curso, por ejemplo una acampada en otoño.

~~~~~~

Cenas familiares

*«Cuando era pequeño recuerdo que veíamos la televisión todos juntos alrededor de la mesa del comedor.
En mi casa la cocina era como un autoservicio.*

A veces nos tropezábamos al pasar,
pero nos llevábamos bien.»

Los estudios demuestran que la mejor protección contra los comportamientos de riesgo en la adolescencia, desde los problemas de drogas y alcohol hasta la delincuencia juvenil, es una familia unida. ¿No es maravilloso que todos los estudios coincidan con lo que nos dice nuestro sentido común?

Lo más difícil es mantener esos vínculos familiares con todas las presiones que intentan distanciarnos, y ante todo debemos reconocer que no es tan sencillo. Los padres que tienen hijos adolescentes suelen encontrarse en la fase más ajetreada de su vida. Con el esfuerzo que deben hacer para consolidar su matrimonio, seguir en contacto con los amigos, ocuparse de las cuestiones domésticas y mejorar su carrera profesional, es fácil que dejen a sus hijos ir a su aire y que se sientan aliviados por ello.

Los adolescentes tienen sus motivos para alejarse de la órbita familiar, unos apropiados, como la diferencia de intereses y le necesidad de tener un espacio propio para desarrollar su identidad, y otros inapropiados, como la ira, el resentimiento y las presiones de sus compañeros para que sean «independientes». Si queremos evitarlo, tenemos que hacer un esfuerzo para mantener a todo el mundo en la órbita familiar.

Una de las mejores formas de hacerlo es restablecer la tradición de las comidas familiares. Mucha gente ha abandonado este hábito, pero a pesar de los obstáculos (diferentes gustos y horarios) merece la pena que lo intentes aunque tengas que comprometerte a cenar con tu familia varios días a la semana. Recuerda que no es un castigo, sino una oportunidad para reforzar los vínculos familiares en un entorno distendido.

Padres: Si no lo haces ya, come con tu familia al menos un día a la semana. Aprovecha la oportunidad para fortalecer los vínculos haciendo que todo el mundo colabore en la preparación y el servicio. Cuando te sientes, céntrate en cosas positivas; no utilices esta ocasión especial para plantear quejas, dar consejos o hacer críticas.

Profesores: Las comidas en grupo también pueden ser divertidas en la escuela. Invita a unos cuantos alumnos a comer una vez por semana para conocerles un poco mejor en un ambiente más relajado.

Valores personales

«Mi padre murió cuando yo tenía ocho años.
No sé si los recuerdos que tengo de él son muy precisos,
pero lo que sí recuerdo es que siempre parecía
estar concentrado en las cosas que hacía.
Ése es el criterio que sigo para vivir mi vida.»

Si queremos que la vida de nuestros hijos tenga sentido, lo mejor que podemos hacer por ellos es darles un buen ejemplo. La prisa con la que vivimos nos lleva muchas veces a escatimar esfuerzos, ir al grano, centrarnos en los resultados y tachar cosas de nuestra lista lo antes posible para pasar a la siguiente tarea. Y mientras tanto pasamos por la vida como sonámbulos, sin darnos cuenta de lo que significa.

¿Cuál es nuestro objetivo? ¿Qué valores nos guían? Cuanto más pensemos en estas cuestiones y hablemos de ellas con nuestros hijos, mejor será el modelo que podamos ofrecerles. Si queremos para ellos algo más que una vida de trabajo y rutina, tenemos que explicarles y demostrarles cómo pueden vivir de acuerdo con sus propios valores.

Lo cierto es que todos tenemos una serie de valores personales, aunque no seamos conscientes de ello. Pero nuestras decisiones revelan qué es importante para nosotros: ganar mucho dinero; tener una casa bonita; crear una familia unida. Piensa en tus valores y habla de ellos con tu familia.

Padres: Para averiguar cuál es tu principal valor personal, imagina que has llegado al final de tu vida y que Dios te va a hacer una pregunta sobre cómo has vivido. ¿Qué pregunta sería ésa?

Profesores: La decisión de dedicarse a la enseñanza no se suele tomar a la ligera. Explica a tus alumnos en qué valores te has basado a la hora de elegir esa profesión para que puedan aprender de tu ejemplo y de tu compromiso.

Dimensión espiritual

*«De niño iba todos los domingos a misa con mi familia,
pero no le daba ninguna importancia.
Escuchaba los sermones, cantaba los himnos
y repetía las oraciones con los demás, pero eso era todo.
Era como comer pizza los viernes o jugar al béisbol
los sábados.»*

Hay un proverbio que dice: «No hables nunca de religión ni de política». ¿Por qué? Porque estos temas son muy complejos y cada uno tiene su opinión al respecto, así que para «llevarnos bien» los evitamos.

Pero el hecho de que no hablemos de las cuestiones espirituales supone una gran pérdida para nuestros hijos. ¿Cómo podemos pretender que vivan una vida plena si les privamos de su verdadera esencia, de su dimensión espiritual?

Dedicamos una gran cantidad de tiempo y energía para prepararles para el éxito. Les enviamos a los mejores colegios, les ayudamos con los deberes y nos preocupamos por sus problemas, pero en muchos casos descuidamos la base principal de su vida: su identidad espiritual. Vivir es mucho más que resolver con éxito los problemas que surgen. La vida tiene un sentido y una dimensión en la que cada uno debe encontrar su propio camino.

Para preparar a nuestros hijos en este aspecto tenemos que compartir con ellos nuestros sentimientos y creencias espirituales. Tenemos que abrir las puertas de este extraordinario mundo para que aprendan a orientarse en él, para que comprendan que forman parte del universo y para que se sientan unidos a algo que trasciende su existencia individual.

Padres: Al educar a nuestros hijos no solemos tener en cuenta sus necesidades espirituales, como si creyéramos de forma inconsciente que tienen bastante con ocuparse de las cuestiones materiales. Habla a tus hijos de tus creencias y diles que piensen cuál podría ser su objetivo espiritual.

Profesores: Ayuda a tus alumnos a comprender que muchos de los temas que estudian son historias de gente que ha tenido un propósito definido en su vida: científicos, exploradores, artistas. ¿Qué les gustaría que dijesen de ellos dentro de cien años? ¿Dice eso algo del propósito de su vida?